夢をかなえる失敗学

失敗すればするほど
成功できる
ビジネスの法則

中村誠
Nakamura Makoto

KADOKAWA

失敗したから成功できた

▼天才ではない普通の僕の物語

本書は僕自身の失敗経験をもとに、「失敗から学ぶ成功術」「失敗をリカバリーする方法」について伝授させていただくものです。

本書がみなさんの不安を解消して、未来に歩みを進めていただくお手伝いができたらありがたく思います。

自慢ではありませんが、**僕は誰よりも失敗の多い男**です。

「人間関係で失敗」「仕事で失敗」「お金で失敗」「メンタル弱すぎて失敗」「ネガティブ思考で失敗」「本番になると失敗」「会話が苦手で失敗」というのもあります。

でも**失敗しまくったからこそ、今があります。**失敗の多い僕から学べば、必ず「失敗しない方法=成功学」が見えてくるはずです。

失敗したときはもちろん凹《へこ》みます。でも**数限りなく失敗したからこそ、ここまで成**

長することができたのだと思っています。

僕のことを本書で初めて知ったという方もいらっしゃると思うので、軽く自己紹介をさせてください。

僕はLINE公式アカウントの機能に付加価値をもたらす **「Lステップ」の専門家** として、Lステップのプロフェッショナル集団を擁する「REXLI（レクセリ）」という会社を経営しています。

REXLIでは企業や個人のLステップ構築代行を行う事業と、オンラインサロン（「人生逃げ切りサロン」）内で事業者やフリーランスの方に対してLINE運用やスキルアップの講座を運営 しています。

Lステップ構築代行では芸人で絵本作家の西野亮廣さん、日本最大級のオンラインサロンの運営者である、やまもとりゅうけんさんなど大物インフルエンサー、それからトップアイドル、ビッグアーティストさんなど、有名人も多数、担当させていただいています。

本書を出版させていただいたKADOKAWAさんも弊社のクライアントです。

講座のほうは卒業生が400人を超え、まったくの初心者から月収100万円〜500万円を稼ぎだす人が続出しています。

会社の年商は3億円を超え、2022年には念願だった初出版をかなえることができ、売れ行きも好調で、このたび第2弾を出すこともできました。

こんなふうに述べるとなんだか**キラキラしていてあまり失敗というイメージがないかもしれないけれど**、この裏では失敗の連続でした。

まず進学した高校が地元の超エリート校だったところあたりから、失敗人生が始まっています。一生懸命受験勉強して入ったのはいいけれど、受験でがんばりすぎて燃え尽きてしまい、入った途端、一気に勉強に対してやる気がなくなりました。ソフトテニス部に入って部活には打ち込みましたが、練習では強いのに試合では全然勝てませんでした。

その後は一浪して希望する大学に入ることはできたのですが、**就活で40社連続落ち**を経験。その後**やっと採用された会社が絵に描いたようなブラック企業**。心身ともにボロボロになって、しまいには自殺未遂騒動まで起こし、**たった2年で会社員生活を**

脱落。

その後、物販（個人輸入）ビジネスを始めるも、**５００万円の借金を負ってどん底に……。**

僕は**すべての夢をかなえることができない男だった**のです。

そこから一念発起してLステップを学んで起業し、やっとビジネスが軌道に乗り、年商3億円超を果たすことができました。でも**年商３億円の今も現役で失敗を続けています**（笑）。

失敗はすべて資産

僕の場合、**なぜか人生において、何をするにしても必ず壁にぶち当たる**のです。

「当たり前にできた」「簡単に成功できた」なんていうものはひとつもありません。

全部ちゃんと壁にぶち当たって、１個ずつ自分なりの解決策・手段を見つけてサバイバルしてきました。失敗するのは僕の弱みでもあるけれど、強みでもあるわけです。失敗を分析することで「失敗をしない戦略」を編み出すことができたからです。

その意味ではまさに**「失敗はすべて資産」**です。

僕には今、**失敗による資産がマックスに近いところまで貯まっています**（笑）。この資産を今こそ**みなさんと共有していきたい**と思っています。

生きていれば誰しも失敗はいろいろあるものです。

でも本書を読めば失敗を失敗で終わらせずに、どうやってリカバリーしていくか、いかにそれを成長に変えるかを学ぶことができます。

それだけでなく、本書を読むことで**「失敗する前に回避」**することもできます。「迷ったときにはこうする」というルールを理解することができるからです。

もうひとつは**年商３億円の僕でもこんなに失敗をするということで、ちょっと安心していただけたら**という思いもあります。

仕事はどれだけうまくいっても、どれだけ拡大しても、それぞれのフェーズにおいて、いろいろなトラブルが起こるものです。**仕事がうまくいっているから、名前が売れたから、あるいは出世したからといってトラブルがなくなるなんてことはありません。**

その中で**滑ったり転んだりしながら戦っていくしかない**のです。**僕自身も日々現場に出て、ちゃんと戦っています。**

でもひとつ言えることは、そうやって失敗から学んで成長を続けることで**相対的な幸福度は確実に上がっていく**ということです。そこで得られる体験も絶対にマイナスになりません。

僕の場合も**3年前、5年前、10年前の自分を考えても成長を感じるし、あの頃やりたいと思っていた夢がかない、人生が楽しく、幸せだと感じることができています。**

それこそが**「夢をかなえる失敗学」**のおかげだと思っています。

▼自己嫌悪とコミュ力なしでも変われた理由

僕はコンプレックスが強いし、コミュ力もないし、最初に入った会社では**「商品の数を数え間違える」といったレベルの凡ミスを連発**して周囲に呆れられ、店長には怒鳴られまくる日々を送っていました。

そんな僕みたいな人間がLステップに出会い、**ひとつの事業でここまで来られたというのは奇跡**だと思っています。

他のことは何もできない、**LINE構築というこの事業しか僕にはない**のです。**だったら何度失敗しても、改善し、やり続けるしかない**わけです。

みなさんも**今までやってきたこと、自分の得意なことがあるはず**です。そこに目を向けて**あきらめずに改善を続ければ、きっと未来は開けてくる**と思っています。

失敗は確かにつらいし、僕も日々、しんどいと思うことがいっぱいあります。でも**失敗するからこそ人は前に進める**のです。

そして**失敗をひとつひとつ潰していけば、その先には成功しかありません。**

人生は失敗したときこそチャンスなのです。

もしかしたら本書を読んでくださっているみなさんも、今、現在進行形で失敗して、何かに救いを求めているところかもしれません。

大丈夫です、失敗はちっとも怖くありません。必ずプラスに変えられます。

僕が自分の経験から編み出した「夢をかなえる失敗学」から学んで、みなさんも幸せをつかんでください。

▼ Lステップ、LINE構築について

本書では僕の事業の柱であるLステップ、LINE構築という言葉が出てきます。ここでは簡単にLステップ、LINE構築について説明しておきましょう。

Lステップを使うことでLINE公式アカウントにおいて、できることが一気に拡張します。ひとことで言うと「通常のLINEではできないほぼすべてのことができる魔法のツール」と言っても過言ではなく、マーケティングツールとして広く浸透しています。今では大手企業はもちろん、官公庁でも導入されています。

Lステップを使ってLINEの機能を拡張することを「LINE構築」と呼びます。僕の会社REXLIでは企業や個人から依頼を受けてLINE構築を代行し、運用もサポートしています。

その際の実働部隊はLステップを学び、LINE構築のエキスパートであるフリーランサーたちです。REXLIではこうしたフリーランサーを100人以上抱え、案件ごとにチームを作ってLINE構築を行っています。

Ｌステップについて詳しいことを知りたい方は、

Ｌステップ公式ブログ（linestep.jp）

【公式】Ｌステップとは？機能やメリット、料金・導入事例を解説

をご覧いただきたいと思います。

中村　誠

Contents

第3章 「仕事」で失敗したときのリカバリー術

第4章 「クライアントワーク」で失敗したときのリカバリー術

第7章 「人生」のリカバリー術

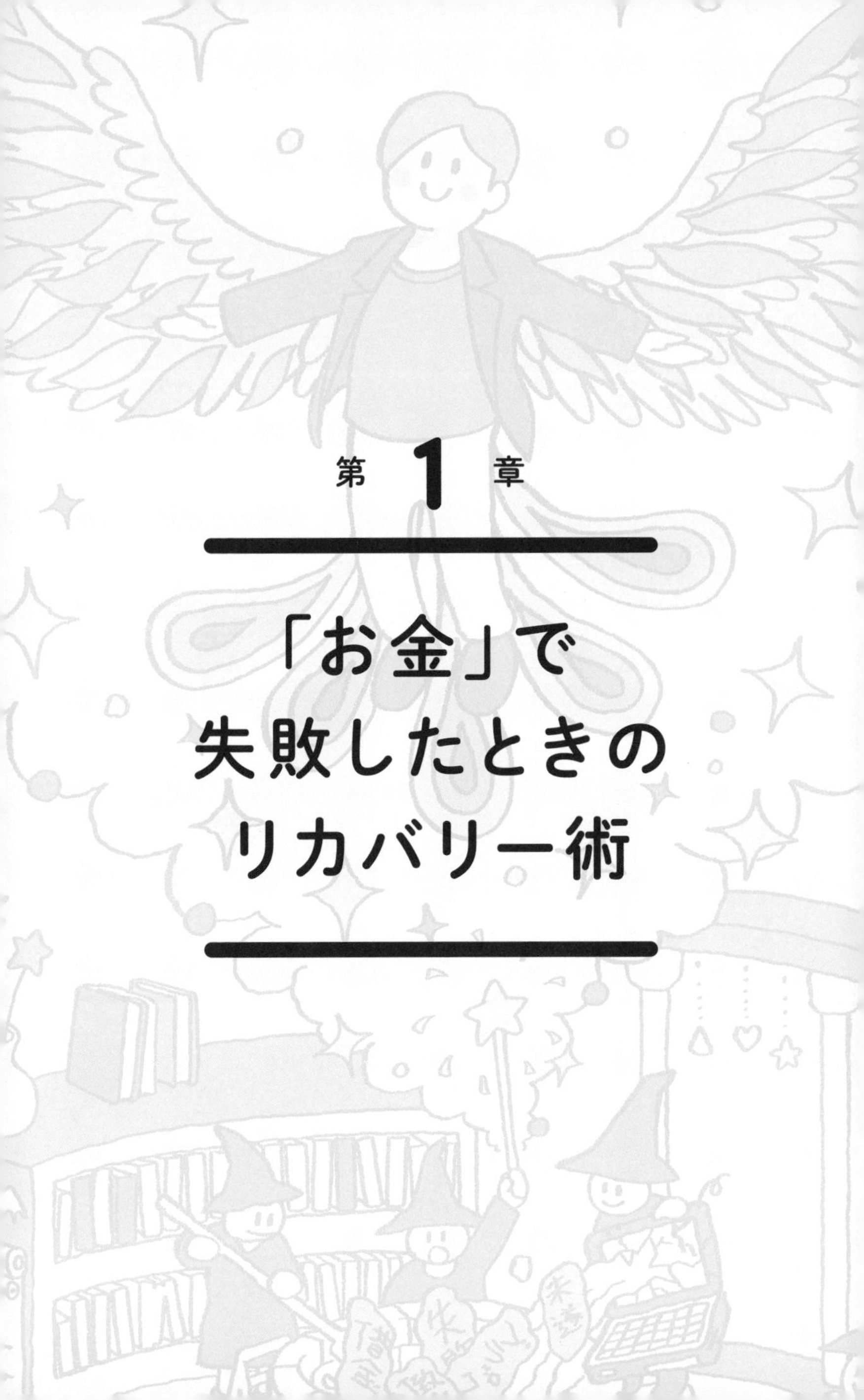

第1章

「お金」で失敗したときのリカバリー術

「総資産額激減」状態から回復できた理由

▼なぜか口座にお金が残っていないワケ

僕は会社員生活を2年で脱落した後、物販ビジネスを始めて500万円の借金を負うなど紆余曲折はあったものの、Lステップ事業を始めてからは業績はずっと右肩上がりで、年商3億円にまで達しました。

ところが2023年、**「総資産額激減」**という危機に陥ってしまいました。簡単に言うと**「手元にお金がない」**、名付けて**「意外と手元にお金がないぞ現象」**です（笑）。

「今月は1000万円ぐらい利益が残っているかな」と思っていたら、100万円しか残っていないとか、あるいは本当に0円だったとか……。

Lステップの仕事を始めて5年目、僕自身、メディアにも何度も取り上げられ、売

Lステップの仕事を始めて5年目の頃

上は伸びているのに、資金管理がうまくいっていないなんてマズいです。

なぜこうなったかというと、売上が落ち込んだこと、そして、とにかく**出ていくお金がすごい**ことの2点が大きな原因です。このうち、売上の落ち込みについては後の章で述べます。

出ていくお金については毎月の売上が2000万円なのに、2000万円がそっくり出ていくということもザラにありました。いや、2000万円入って2500万円出ていくみたいなこともありました。

支払いが売上を上回っているのです。どう考えてもおかしいのだけれど、それが普通に起こっていたのです……。

その理由は2つあります。**ひとつめは事業が急成長するとき、大きく回り始めたときは出ていくお金も大きい**ということです。

急に売上が大きくなり、上の段階に上がるにつれ、組織も大きくなって人件費も上がるし、イレギュラーな出費も増えます。

たとえば仕事が立て込んで目の前の仕事を納期に間に合わせるために、フリーランスの人に特急料金を払ってやってもらったりとか。そんなことの繰り返しで、あっという間にお金が消えていくのです。

そして**2つめは、お金がガンガン入ってくると、どうしても管理が緩くなってしまう**ことです。大きなお金が入ってくると、小さな出費はどうしても油断してしまいがちです。

言い訳するわけではないけれど、これは僕だけでなく、まわりの経営者を見ていてもそうです。「帳簿上は営業利益が1500万円あるのに、入金ベースだと赤字」みたいな話を経営者仲間からもよく聞きます。それで**資金繰りがショートして倒産するケース**も実は少なくありません。

実は僕がこの「意外と手元にお金がないぞ現象」に直面したのはこのときが初めてではありません。今まで150回ぐらい経験しています（笑）。「こんなに稼いでいるのに何でこんなに残っていないのかな」といつも思ってきました。本当に**成長してい**

るときほどお金が残らないのです。

でもさすがに今回は資産が激減したので、めちゃめちゃ焦りました。

断ち切れない負の連鎖

それから僕の**別の側面での失敗は「組織化がちゃんとできていなかった」**ことです。

組織がちゃんとしていないから実態が見えてなくて、ほとんど仕事をしていない人にお金を払いすぎちゃったとか、そういうずさんなことを平気でやっていました。

「そんなことしてたらお金がなくなるのは当たり前」とみなさん思いますよね……。

僕もいま客観的に見れば「なんでこんなことをやっていたのか」と思いますが、**どんどん新しい案件が入ってきて拡大しているときって、細かいところに手が回らない**のです。

「意外と手元にお金がないぞ現象」に焦っている時期に、タイミング悪く新型コロナウイルスにも感染してしまいました。高熱が出て寝込んでしまい、かなりつらかったです。

人間、**体調が悪いとメンタルも落ちます**よね。そもそも新型コロナには「やる気が出ない」「無気力になる」という後遺症があるらしく、心も体も病んで非常にヤバい状態になってしまいました。ちょっとだけではあるけれど「死にたい」という気持ちも浮かびました。

僕はストレスがあるとニキビができやすい体質なのですが、もう顔中にニキビができてめっちゃ真っ赤になっていたのもこの頃です。

▼売掛金が回収できない事態

さらに悪いことに、この時期に**詐欺まがいの被害に遭って300万円を失うという事件**まで起こりました。

その少し前に代理店的な立場の人と知り合ったのですが、その人はかなりのやり手で、いろんな人も紹介してくれたし、結構な数の案件を取ってきてくれる人でした。

この人があるとき500万円の案件を取ってきてくれました。要はその人を介して仕事を受けたわけです。

僕はその人のことをすっかり信用していたから、着手金などもらわずに制作を開始し、納品しました。**ところが一向に振り込みがない**のです。

仕事を発注してくれた元のクライアントに問い合わせたら「とっくに払っている」との返事。ビックリしてその人に問いただすと、200万円だけは振り込んでくれました。でも残り300万円は未だに振り込みがないままです。たぶん使い込んでしまったのでしょう……。

起こってもらっては困るのですが、仕事をしているとこういうこともまれにあります。僕もこれまでに何件かありましたが、これはちょっと金額が大きかったです。

この件は**その人を信用しきってしまった、僕の脇が甘かった**のだと反省しています。

人を疑うのは気持ちのいいものではないけれど、「信用しきってしまう」のは本当に危ないです。みなさんもどうか気を付けてください。

稼ぐより先に「出ていくお金」を見直す

▼お金がないとき、まず見直すべきは「固定費」

とにもかくにも**お金がない状態では経営が立ち行きません。**これはもう覚悟を決めて金融機関から融資をしてもらいました。

5000万円ほどを融資してもらってホッと一息。これでしばらくは資金繰りの心配からは逃れられると思うと、少しだけ心の余裕が持てました。

5000万円がすぐに必要だったわけではないのだけど、**持っていることが大事**なのです。資金に余裕があるといったん落ち着き、ゆとりを持って考えることができました。

まずは固定費から見直すことにしました。固定費とは、売上の増減とは関係なく家賃や人件費など必ずかかる経費のことです。

細かく見てみると、全然活用していない広告コンサルタントに毎月20万円払っていたり、個人ベースでも家賃が60万円、お手伝いさんに50万円とか、**30万円から60万円の間のレンジのムダな固定費がすごく多い**ことに気づきました。

「30万円ならOK」「50万円ならいいか」という油断が働いて、簡単に使ってしまっていたのです。そうした**固定費の積み重ねが結果としてすごい額**になっていました。

相手にしてみても「誠さんのところは儲かっているから、少しぐらい多くもらっても大丈夫だろう」という気持ちになるのだと思います。

「数百円単位」までお金を見直す

見直しのコツとしては「細かいお金」をバカにしないことです。

今はサブスクもあるし、SNSの有料サービスとか、ネットフリックスとか、いろいろありますよね。つい入ってそのままになっていたりしませんか？　僕はそうなっていました（笑）。

そういうものも含めて**「これは本当に必要なのかな」という視点でひとつひとつ見直しました。**サブスクも使っていないサービスはちゃんとカットしていきました。

すると「ここは毎月の支払いでなくて、仕事を出したときに支払えばいい」とか、「これはいらない」というものを仕分けることができました。

家も事務所を兼ねた60万円のタワマンだったけど、そんなに広い部屋もいらないとわかったので、30万円の部屋に引っ越しました。

その結果、**一気に固定費が削減できて、2~3カ月で500万円を削ることができたのです。**

▼毎月の見直しを怠らないマインド

もちろん経費はただ削ればいいというものではありません。必要なものまで削ったら本末転倒です。

また、一度全体を見直しても、新たに発生する経費というのもあります。

大事なことは定期的な「見直し」だと思いました。定期的にちゃんと見直しを行って、本当に必要な経費なのかどうかをその都度見きわめることです。

見直しは毎月でもいいけれど、僕の場合は**「マネーフォワードME」というアプリ**で毎日チェックするようにしています。これは毎月の出入金の明細が表示されて、資産の管理が簡単にできる家計簿アプリです。

これで管理すれば**毎月何にどのぐらい使っているかが一目でわかります。**無料で始めることができるので、とてもおすすめです。

失敗▼お金の管理が甘すぎる

リカバリー術▼ひとつひとつ定期的に見直して不要分を削る。「細かいお金」をバカにしない

ずぼらでもできるキャッシュフロー管理術

「適正価格」という概念

固定費の次は外注費を見直しました。これもお恥ずかしい話、かなり緩くなっていました。

うちの仕事はLステップの構築代行業です。クライアントから案件を受注して、ひとつの案件ごとに、ライターやデザイナーなど、それぞれのエキスパート2〜3人を集めてチームを作り、ひとつの制作物を完成させます。

いくらで発注するか、だいたいの目安はあるものの、仕事量や納期によってギャランティは変わります。だから**「だいたいこのぐらいだろう」とどんぶり勘定で払ってしまっていました。**

全然働いていない人に30万円払っていたとか70万円払っていたとか、そんなことがいっぱいありました。

逆もありました。30万円しか払っていないのに、どう考えてもその倍以上の仕事をしてもらっていたとか……。これは本当に申し訳なかったです。

なぜこんなことになっていたかというと、**僕が決めるべきところを決めてなかったから**です。

外注費も専属契約のスタッフが決めていました。彼らはもちろん優秀な人ばかりですが、経営状態と照らし合わせて、その外注費が適正かどうかを見きわめなくてはいけません。それは最終的には経営者である僕が判断すべきことなのに、それを怠っていました。

それからは**ひとつひとつ全部チェックして「適正価格」で払うようにしました。**

失敗▼ギャランティの支払いがどんぶり勘定

リカバリー術▼適正価格を見きわめる

▼手元に残る利益を考える

それから**外注費は「この仕事はこのぐらいの仕事量だから○○円」という組み立て方をしてはダメ**です。

「この仕事でいくら残したい」という自分の取り分をまず決めて、そこから逆算して外注費はいくらという組み立て方をしないといけないのです。

僕は完全にこの逆をやってしまっていました。

仕事によってはやっぱり難易度の高いもの、クライアントの注文の多いもの、納期が厳しいものもあるわけです。そういう場合「メンバーも大変だろう」と、つい多めに払ってあげたいと思ってしまっていました。

もちろん難しい仕事のギャランティを上乗せするのはいいのですが、問題は完全な

どんぶり勘定だったことです。それをやって**会社自体が傾いてしまったのでは本末転倒**です。

▼お金を残すコツ

こうして経費全体を見直したことで、**毎月の売上から経費を引いて、10％から15％程度を内部留保として残していくことができるようになりました。**売上が2000万円だったら300万円ずつを口座に残していくようにコントロールする感じです。

もちろんこれは会社の規模によって、あるいはその人の戦略や考え方によっても異なると思います。

売上が3000万円あったとして、それを超えなければ全部使うという考えの人もいるだろうし、逆に3分の1は残すという人もいるでしょう。

仕入れがある業態の場合は、また話が違ってくると思います。

いずれにしても大事なことは**「自分の求める基準」を決めておくこと**です。自分の

「この仕事でいくら残したい」という取り分を決めて、そこから外注費などを逆算して組み立てていく

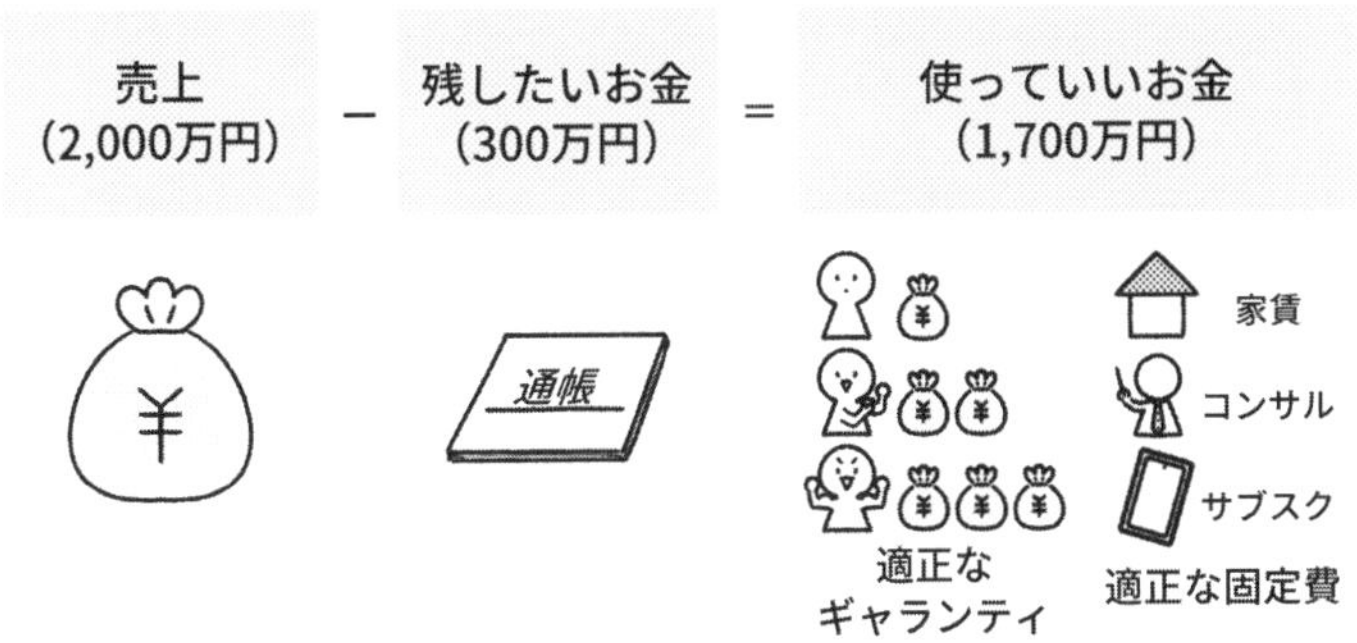

基準が毎月達成できているかどうか、そこを見ていくことが重要だと思います。

　これは売上の多寡にかかわらず、自分で事業を行っている人はみなさん、必要なことだと思います。売上が月20万円の人でも2000万円の人でも同じです。もちろん**会社員も家計について定期的に固定費を見直したほうがいい**と思います。

目の前の忙しさにかまけてキャッシュフローの管理を後回しにしてしまうと、すぐに「意外と手元にお金がないぞ現象」が現れます。

　どんなに稼いでいてもちゃんとお金の流れを追っていかないと利益は残っていきません。**利益は残るものではなく、残すもの**です。

　僕は失敗からそれを学びました。

失敗 ▼ お金が出ていくに任せていたら利益が残らなかった

リカバリー術 ▼ **お金の流れを追って利益をしっかり残していく**

▼キャッシュフローのセカンドオピニオン

キャッシュフローは自分で管理することはもちろん大事ですが、「プロ」「第三者」に見てもらうことも有効だと思います。

僕も財務の立て直しをはかるために、**お金の管理が得意な人に「設定した外注費が適正なのか」「ムダな経費を使っていないか」など、キャッシュフローを見てもらいました。**

客観的な視点から見てくれて「それは払いすぎだよ」と言ってくれる人の存在はありがたいものだと思いました。

ではそれは誰に頼めばいいかという話なのですが、まずは税理士です。

すでに契約している税理士がいるという人もいるでしょう。でもその税理士があまり経営やお金の流れについての相談に乗ってくれないとか、そういうことを聞きづらいという場合は、思い切って替えるのも手です。

僕も**この機会に、経営の相談に乗ってくれる税理士に替えました。**

その上でセカンドオピニオン的な感じで、経理に強い起業家にも見てもらって意見をもらいました。

そうやって**第三者の意見をもらって改善することで、さらにキャッシュフローの流れがよくなっていきました。**

「みんなのためにお金を残す」という発想

▼売上はすべて会社のためにある

僕がうちのメンバーに「払いすぎる」傾向にあるのは、**「自分だけが儲けては悪い」という思い込みがある**からだと思います。

案件を取ってきて「自分で8割取って、残った分で外注に支払う」みたいな強権的なやり方でやっている人もいるけれど、僕は性格的にそういうことはできません。自分の取り分は少なくても、人に多く払って喜んでもらうことが大事だと思っていました。

でも最近、それが間違った考えであることに気づきました。**お金を残す、利益を上げるのは、会社を存続させるために必要なこと**なのです。

多めに支払うと、メンバーも外注もそのときは喜んでくれます。

とはいえ、**それが積もり積もって会社が存続できなくなったら、結果的にみんなに迷惑をかけてしまう**わけです。みんなにとって「ＲＥＸＬＩ」というクライアントが倒れたら痛手ですよね。仕事がなくなってしまうのですから。１００万円の仕事があるけど数カ月で終了……というのより、30万円の仕事が長期にわたってあるほうがいいですよね。

それを考えると、**自分のためではなく、みんなのためにお金をちゃんと残して会社を存続させることが一番大事**だと気づきました。

そのためにも自分の会社の取り分はしっかり取っておかないといけないのです。そう意識が変わったことで、利益を残せるようになりました。

失敗 ▼ 外注に多めに支払って会社のお金がなくなる

リカバリー術 ▼ 会社を存続させるためにも自分の取り分をしっかり確保する

▼軽自動車からフェラーリに乗り換える

僕の場合もそうでしたが、急に事業が伸びたときこそ、お金の取り扱いが難しいものです。

たとえて言えば、**軽自動車で時速60キロで運転していた人間が、急にフェラーリに乗って120キロで高速を走る**とどうなるでしょうか。軽自動車のつもりでフェラーリのアクセルを踏んだらガーッと急加速して、あまりのスピードにハンドルを取られたり、人の車や壁にぶつかったりしてしまいますよね。

でもそれがわかっていて速度を落とせば、「大事故」には至らずに済みます。僕もそれで大事故には至りませんでしたが、本当に危なかったと思います。

売上を上げることはもちろん大事ですが、**「今の自分が安全に回せる額」を見きわめないといけない**のです。

「自分は大丈夫」と思うかもしれませんが、扱ったことのない額のお金を急に扱うというのは想像以上に大変なことです。少なくともその自覚は必要だと思います。

まずは自分が安全に回せる額のお金を見きわめて、そのお金を回すことに慣れることです。

そして今の自分のコンフォートゾーンでしばらく安全運転ができれば、次はそこから飛び出して、さらに上を目指すことができます。少しずつ車をグレードアップしていけば運転も慣れていくのと同じです。

思い返せば僕の場合も、Lステップ事業を始める前、物販ビジネスをやっていたときは月50万円、100万円の売上でアップアップしていました。それから考えると今は1500万円が余裕で回せているわけで、そこは自分でも成長していると思っています。

もちろん**自分のコンフォートゾーンで安全運転をしていても、いろいろ失敗やトラブルは起きます。でもそこをちょっとずつ改善していくことで、少しずつ大きな売上を上げられる器になっていく**のだと思います。

失敗 ▼ 売上が急に増えて、扱うお金が大きくなると事故が増える

リカバリー術 ▼ 徐々に改善していくことで「大きな額を扱える器」になっていく

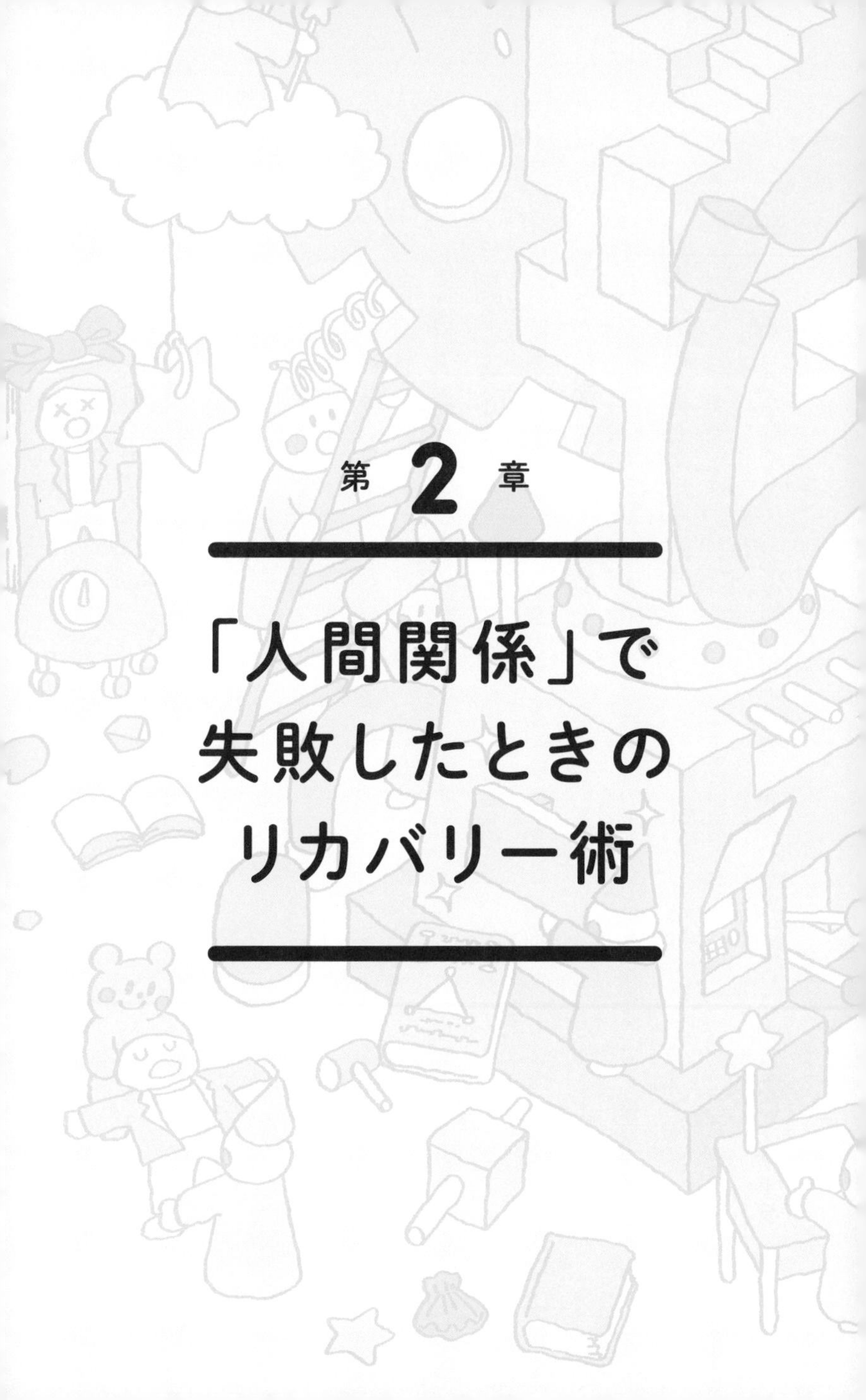

第2章

「人間関係」で失敗したときのリカバリー術

強いチームを作れば事業は自然と成長する

部活のチームが大崩壊

僕は中学、高校とずっと部活でソフトテニスをやっていました。中学のとき、全然そんなタイプじゃないのにキャプテンになってしまったことがあります。

その結果、どうなったかというと**チームが崩壊**しました……。

僕なりに練習メニューを作って、「これを一生懸命こなそう！」とぶち上げたのだけど、それがきつすぎたのです。結局、**誰も僕の言うことを聞かなくて、練習をサボる人が続出**してしまいました。

そこから時を経て今、そんな経験があるにもかかわらず、**100人以上のフリーラ**

ンサーをまとめるリーダーとしてやっていけている自分がいます。

みんなが同じ方向を向いていてくれる感がすごくあって、僕が困ったときは気持ちよく協力してくれるし、**「誠さんのためにがんばるよ」**と言ってくれる人もいます。

急にリーダーシップを取れるようになったわけじゃないし、自分は何も変わっていないのに、この違いは何か。それは**「理念」**だと思います。

▼理念を語れば奇跡が起こる

今の僕は「世の中のマーケティングを全部Lステップで塗り替えたい」とか、「芸能人の誰それのLINE構築をやりたい」とか、夢を語り、理念を掲げています。

一方、中学時代の僕は理念なきままに、ひたすら厳しくておもしろくない練習をみんなに押し付けているだけでした。

もしあそこでひとつひとつの練習に対して**「これをやるとこういう効果がある」と言語化できて、「つらいけど練習をがんばればこういう未来が待っている」という夢を語れたら、みんなもっとやる気になってくれたように思う**のです。

やっぱり人を引っ張っていくには「理念」が必要なのです。**少年のようなキラキラした目で夢を語る人**っていますよね。ちょっと恥ずかしいかもしれないけれど、やっぱり人というのは、なんだかんだ言ってそういう人に付いていくのだと思います。

うちの会社は社員を置かずに、案件ごとにフリーランスの人に依頼して制作物を作り上げるスタイルでやっていると述べましたが、2023年から「専属契約」という形で10人ほどにうちの仕事を専業でやってもらう方式を採用しました。

彼らは案件の営業、制作物のディレクションといった重要な仕事を担当しています。このとき思ったのは、この専属契約のみんなに**「チーム」としての連帯感、使命感を持ってもらいたい**ということでした。そこで、細かいルールとかは脇に置いておいて、まず何を目指すのか、どこを向いていくのか、みんなで絵を描きました。

これは本当にやってよかったと思いました。みんながひとつになれたし、「一緒にがんばっていこう」という一体感がすごかったです。実際、今は本当にいいチームができています。

失敗

「この先にこういう未来が待っている」という夢を言語化して語ることができず、やる気を引き出せなかった

リカバリー術

少年のようなキラキラした目で理念を語り、チームのモチベーションを上げる

「できない」を「できる」に変える

それからこのとき、数値目標として**「月額運用の顧客を100社集める」という目標**も立てました。93ページで述べるサブスク形式の顧客です。

詳しいことは後で述べますが、今までは「新規に案件を取って、納入して、短期間のサポートをして終わり」というスタイルだったのですが、「長期目線で一緒に作り上げていく」という方式を導入したのです。

この月額運用の顧客がうちはそれまでは20社しかありませんでした。でもそこから案件を取りまくったら一気に33社まで増えました。

今は約60社までいっています。もちろんチームのメンバーもしっかり案件を取ってくれています。

これによって事業がめちゃめちゃ安定しました。

「100社集める」と目標を決めた途端、**僕自身、目標が明確になってすごくやる気になったし、メンバーもモチベーションを高く持ってくれました。チーム作りにおいて数値目標は大事**です。それも**圧倒的、暴力的なぐらいのハイレベルの目標を掲げることで「できない」が「できる」に変わる**のです。

チームの人間関係がうまくいかないとき

大切なのは組み合わせ

うちの場合はひとつの案件ごとにチームを作って制作物を作り上げますから、チーム作り、チームの人間関係は非常に重要です。

ほとんどの場合はみなさん友好的にやってくれます。ただ、**やっぱり人間同士ですから、相性がよくなかったり、うまくいかなかったりする場合もあります。**Aさんは Bさんとは問題ないのだけど、Cさんとは合わないなど……。

このチーム作りがうまくいかなくてもめると、絶対にいい制作物はできません。

特に僕のように、なかなか人にはっきりものを言えない人は、ひとりで頭を抱えることになります。

以前、3人のチームを作ったところ、うまくいかなくなって解散……みたいなことになったのです。

これも元はと言えば僕がいけなかったのですが、3人のうちの1人がちょっと求めるレベルに到達できていなくて、何度もやり直しになってしまったのです。

そのうち3人のチームワークもまとまらなくなり、最後はチームが解散になってしまいました。

いい仕事をするためにみんな一生懸命やった結果のことで、誰が悪いということでもないのです。というかそもそも、みんなの力量を見きわめることができなかった僕のせいです。

でもメンバーのみんなと付き合いが長くなってくると、「この人とこの人を一緒にしてはいけないな」「ここは相性が悪い」ということが予測できるようになってきました。

それまでは「チーム作り」のスキルが足りなかったのですが、経験を重ねることにスキルアップしてきました。これればかりは**ノウハウというより、経験がモノをいいます。**

たまに「この案件にこのメンバーはうまくいかないかもしれない」という場合でも、仕方なくやるしかないときもあって、そういうときはやっぱりどこかで不協和音が生じるものです。

そういうことを何度か繰り返すうちに、**自分の予測を自分で信じることができる**ようになりました。その結果としてチームメンバーの編成で失敗することはかなり減りました。

▼「いろんな人」と上手に付き合う

フリーランサーと言っても力量はいろいろです。

うちにはかなり実力のある人がそろっているけれど、全員が同じクオリティの仕事ができるわけではなく、すごいハイクオリティの仕事ができる人もいれば、難易度の高いものはちょっと難しいという人もいるわけです。

では**難易度の高い仕事ができない人はダメなのかといったら、まったくそんなことはありません。**

その人の求められるレベルと期待値で仕事を頼めばいいのです。その采配は仕事を振る僕のミッションです。

ただ、**中には「どうしても一定のレベルに到達しない」という人もいないわけではありません。** 一生懸命取り組んでくれてはいるのだけど、お金をもらう仕事としてはちょっと厳しいというケースです。

でもこれも結局は教育がちゃんとしていなかったという、自分の責任だと思っています。

そういう人には「もう1回ちゃんと学び直そうね」と言って課題を出して、それを出してくれたら添削をするということをやっています。課外授業みたいな感じです。

そのかいあって、最初はイマイチだったけれど、今では第一線でバリバリ活躍してくれている人が何人もいます。

失敗 ▼ チーム作りのスキルが足りず、相性の悪い人や力量の合わない人をブッキングしていた

リカバリー術 ▼ 経験を積んでスキルアップすれば、相性、力量に配慮していいチームを作り上げることができる

外注でのトラブル対処のコツ

▼人材難を克服する即戦力の育成方法

うちで抱えているフリーランサーは意欲・戦闘力が高くて、みんな実にいい仕事をしてくれます。それは僕のやっているLステップの講座で学んだ人たちだからです。

この、**講座を作ってそこで人材を育て、生徒さんを巻き込んで一緒に制作物を作り上げるというモデルは、たぶん僕が最初に始めた**ことだと思います。

僕のような経営者は採用担当の人から「**いい人材がいない**」「**募集をしても人が応募してこない**」という悩みを実によく聞きます。もちろんすべての企業でできることではないかもしれませんが、**「講座を作って受講生を募集して人を育てる」という方法はかなり画期的**だと思います。

▼失敗しない外注先への依頼

うちの場合はフリーランサーに仕事を依頼して制作物を作ると言いましたが、要はすべてが「外注」作業です。

すると**外注ならではの問題**も起こります。たとえば重要な役目を担っていた人がチームから勝手に抜けてしまって連絡が取れなくなったり……。

こちらとしては急いで代わりの人を立ててやらざるを得ないのですが、重要なポジションの人が抜けると、当然ですが大変なことになります。

納期も延びてしまったりして、クライアントにも迷惑がかかるし、「3カ月って言われていたのにもう6カ月もかかっている」という不満がチームのメンバーからも出たりしてしまいます。

これも僕が最初の段階で期待値調整をしっかりしておかなかったことが原因なのです。「現場体験ができれば実績にもなるからみんな喜ぶだろう」と安易に考えて、「現場体験をしてみない？」みたいな軽いノリで頼んでしまっていたのです。

そんな頼み方では、「思ったより大変だ！」となったら、離脱してしまう人も出てきますよね。

そうではなくて、その人が**どのぐらいの覚悟、マインドセットを持っているかを確認して、「学びは多いけれど、クライアントワークでギャランティが発生する仕事だから大変だよ」という期待値調整が必要だった**のです。

さらに「仕事が長引いた場合はこういう保証をつける」といった設計もしておかなければいけませんでした。

「困った人」への依頼を避ける

その問題とは別の話として、そもそも**「困った人」**もいます。

たとえばうちでは外注はフリーランサーがほぼ100％ですが、フリーランサーと言っても、バックグラウンドはさまざまです。会社員として長く勤めた経験のある人、前日まで学生だった人、フリーターで職業経験のない人など……。

そうすると中には「この人はちょっと常識が足りないかな？」みたいな人もいるわけです。

たとえば「ミーティングの最中に私用でスマホを見てはいけない」というのは当たり前のことだと思うのですが、それを平気でやる人もいるのです。ほかにも「LINEの返信が2日後」とか、重要な事柄に関する連絡がないとか。

スキルが十分にあっても、最低限の常識をわきまえていないとチームのメンバーにも迷惑がかかってしまいます。

そうなるとチームの士気が下がり、士気が下がれば制作物のクオリティも下がり、その結果、納期も遅れる……とドミノ倒しのように弊害が出てきてしまいます。というか、実際にそういうことも何度も経験しました。

そういうことをいちいち注意するのも大変なので**「REXLIのLINE構築代行案件参画について」という資料を作成**しました。うちで初めて仕事をする人には必ずこれを読んでもらっています。

資料と言っても114ページの大作（笑）。どこに出しても恥ずかしくないぐらいのプレゼン資料になっています。

ここには**REXLIという会社の説明、うちの案件に参画することのメリットから、**

契約についての注意事項、それぞれの業務の役割からギャランティの支払いについてまで、参画のために必要なことをすべて網羅してあります。

「ミーティングの最中に私用でスマホを見ない」「Ｚｏｏｍは静かな環境で行う」といった細かい注意書きも入れています。いわば**ＲＥＸＬＩの取説（取扱説明書）**です。

これを作ってからは、外注のフリーランサーの意識も変わり、こちらから初歩的なことを注意しなくてはいけないケースはほとんどなくなりました。

▼発注するときは「インサイト」を見きわめる

フリーランサーに発注するときは、その人のインサイト（無意識の心理）を見きわめることも重要だと思います。

まず**うちで案件をやることに熱意があるか、メリットを感じてくれるかを見ます。**

以前はこちらから個別に「この仕事をやりませんか」とお願いしていたのですが、それを「こういった案件があるんですけど、やりたい人いますか？」と手を挙げてもらって、その中から適任と思われる人を選ぶようにしました。この形にしてからは、離脱する人が激減しました。

それから頼む前にはその人の発言、SNSの投稿も見て判断しています。**人の悪口を言う人、批判的な人は避ける**ようにしています。これは非常に大事なポイントです。

また僕のLINEのグループ配信に「いいね」をつけている（ちゃんと見ている）かどうか、勉強会にちゃんと来ているか、そういうこともチェックします。

失敗▼外注の教育が足りなくて仕事に悪影響が出ていた

リカバリー術▼教育用のプレゼン資料を作成。仕事の前にしっかり確認してもらう

▼外注と上手に付き合うソリューション

「外注を替えたいのだけど、今の人を断りづらくて困っている」という話をよく聞きます。これは僕も実際に経験してきました。外注とは人間関係もあるし、断るのもなかなか難しいものです。

そのソリューションは契約期間を設定することです。契約の終わりを作るのです。

外注と上手に付き合うソリューション

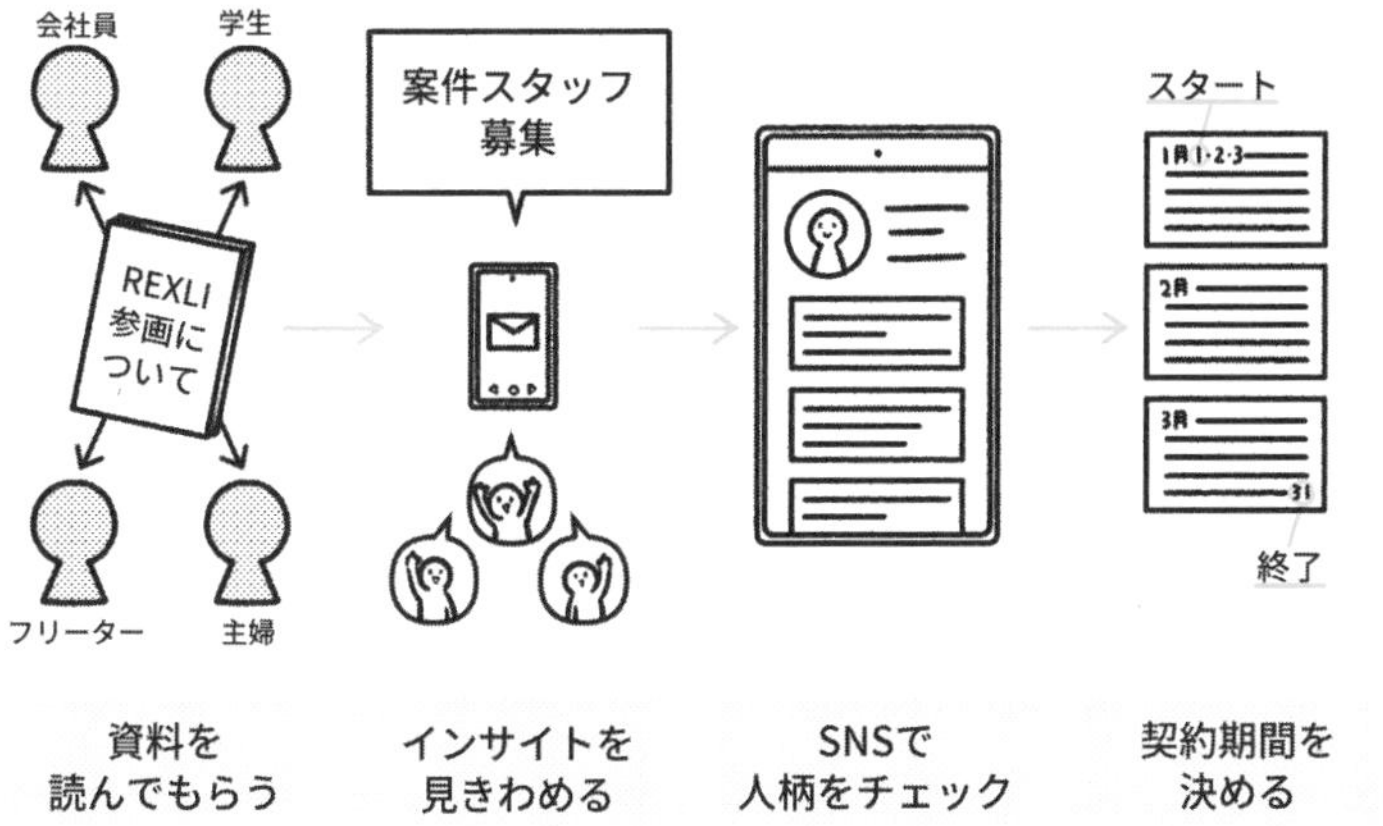

最初に仕事を発注するときに、何カ月間と契約期間を決めておきます。そうしたらその契約期間が終わって再契約するときに「これはギャランティに対して仕事量が多い」ということなら上げればいいし、「ギャランティに対して仕事量が少ない」ようなら下げるという話ができますよね。

ちょっと話はそれますが、コンサルタント契約なども同じです。最初の段階で「じゃあこれからずっとお願いします」としないで、**「とりあえず3カ月やってみます」というように期間を区切ります。**そこでコンサルタントのアドバイスで売上が上がったらそのまま続けるし、上がらなかったらやめると最初に決めておくのです。

契約期間を決めないと、そういう話をするのにちょっとハードルが高くなります。僕だったらなかなか言い出せなくて、いつまでもモヤモヤしてしまいます。

そんな時間を過ごさないためにも、**契約期間を決めることはひとつの方策**となります。

「コミュ力がない」人間が対人関係スキルを手に入れるまで

▼コミュ力は訓練で伸ばせる

うちの事業はLステップを導入したいという企業、店舗、あるいは個人の方が顧客となってくれるのですが、**社長である僕の重要な仕事は営業（案件を取ってくること）**です。

僕の場合、ほとんどの案件が自分の人間関係、人脈から決まります。たとえば会食に行ってそこで会った人、紹介してもらった人から発注を受けることがほとんどです。

LINE構築ビジネスというのは新しく、しかもみんなが欲しがるサービスだから、案件を取るのに苦労をしないというメリットがあります。

ゴルフも会食も、僕の行動すべてが仕事につながっている感じです。だから新しい人にもどんどん会うし、会食の件数もすごいです。

もちろんオンラインでも広告を打ったり、DMを出したりという企業努力もしています。オンラインは見込みは薄いけれど、全商圏に当てていくことができるというメリットがあります。

逆に自分が会食に行って人と会うのは、そこで会う人しかターゲットにできないけれど、確実性が高いです。

だから、**オンラインとオフラインのメリット、デメリットをうまく組み合わせながら両方ともちゃんとやる**ということです。

いずれにしてもほぼ一人で年間3億円超の売上を上げていると考えれば、セールスマンとしてはまあまあ優秀なほうと言っていいかと思います。

でも**昔の僕は対人コンプレックスが強くて人とのコミュニケーションが大の苦手**でした。

プロローグで述べたように、就活のときは「40社連続落ち」を経験しています。グループディスカッションで一言もしゃべれずに終わったり、面接で「どんな仕事をしたいですか？」と聞かれているのに「好物は焼き肉です」みたいな、とんちんかんな受け答えをしてしまったり……。

でも今、人にこの話をするとかなり驚かれます。今は初対面の人とでも普通に話せるし、コミュ力がないというイメージはあまりないのだと思います。

しゃべるのは今でも得意とは思っていないけれど、別に苦にはなりません。**これはすべて「訓練のたまもの」**と言っていいと思います。

▼「話す力」を高めるにはこれ一択

僕は一時期、物販のオンラインスクールの講師をやっていたことがあります。

以前、物販（個人輸入）ビジネスをやっていたと述べましたが、その当時、知人に「物販の方法を教えるオンラインスクールをやるから、お前が講師をやれ」と言われて、仕方なくYouTube動画を作ることになりました。10分ぐらいの尺で100本、自分で撮影して、自分で編集ソフトを使って編集するのです。

そのスクールは3カ月後に始まることが決まっていたので、もうやらざるを得ない状況でした。

最初はひどいなんてものじゃなかったです。**「えっと」とか「あの～」を連発して、単語も噛み噛み。**一通り撮って、再生しながら「えっと」「あの～」を1個ずつカットしていくのです。それでも「やっぱりこれはダメだな」というときは撮り直しです。撮り直して、また、「えっと」「あの～」をカットして……。**無限ループ**でした（笑）。

でも毎日毎日これを続けていたら、**あるとき急にペラペラしゃべれるようになった**のです。1カ月目は全然ダメだったけど、2カ月目の終わりぐらいから、本当にある日突然上達したのを実感しました。

何がよかったのかというと、**あきらめずに繰り返したこと**です。シンプルにそれに尽きます。人間、どんなことでも3カ月毎日やれば必ず上達します。

もうひとつよかったのは**自分のしゃべりを録画して見たこと**だと思います。自分の下手くそなしゃべりを見るなんてイヤなものだけど、録画して見ることで自分のダメなところがどこかが客観的にわかるのです。

人としゃべるのが苦手でしかなかった人間がいきなり物販スクールの講師をやれと

言われて、自分の動画教材を作るのを3カ月間、強制的にやらされたことで、しゃべりが苦ではなくなるところまでいきました。

ここで3カ月間がんばったことで、その後の人生がガラッと変わったと言っても過言ではありません。**人としゃべるのが苦手でなくなって、対人コンプレックスもいつの間にか消滅し、案件もガンガン取れる自分になれました。**「話す力」についてはまた後でも述べます。

失敗 ▼ コミュニケーション下手で初対面の人と話すのが大の苦手

リカバリー術 ▼ 集中的に話す訓練をすれば誰でも話す力が上達し、対人スキルも身につく

第 3 章

「仕事」で失敗したときのリカバリー術

経営者に必要な判断力とは？

▼問題解決の優先順位

2023年、総資産額激減というピンチを迎えたと第1章で述べましたが、キャッシュフローの問題だけでなく、**売上自体が落ち込んだこともその大きな原因のひとつ**です。

僕の仕事はプロローグで述べた通り、LINEの構築代行、そしてLINE構築を学びたい人たち向けの講座の二軸展開がメインなのですが、これが**両方とも落ち込んでしまった**のです。

案件の受注が減り、講座のほうは単純に受講する生徒数が減りました。

理由はわかっていたし、どう対策すればいいかもわかっていました。案件の受注は僕が新規のクライアントの獲得をもっとがんばればいいだけだし、講座はテコ入れの必要性を感じていました。

問題はどちらを優先するかです。

僕が一人でやることなので、両方いっぺんにやると中途半端になってしまうと思いました。

そこで講座から手を付けました。

講座で提供しているコンテンツを2カ月かけてすべて作り直しました。もう**その間はこれだけやると決めて、受講してくれる生徒さんのために情報を全部アップデートしていったの**です。

これを行うことで**自分がどういう情報を持っているか、自分の強みが何かということが再確認できるという副産物**もありました。

そして**自分の情報が整理されたことで、案件を獲得しやすくなった**という現象が起きました。営業をするときに**「これがうちの強みです」「うちに依頼すればこういうメリットがあります」ということを整理して伝える**ことで、クライアントへのクロージングが非常にしやすくなりました。

営業は常に続ける

講座の見直しが終わった段階で案件の獲得に取り組みました。売上が落ち込んでいたのは、僕が**そもそも新規の集客を怠っていた**からです。

というのも、それまでは特に営業に力を入れなくても、知り合った人が興味を持ってくれて依頼してくれたり、人を介して話が来たりするなど、どんどん仕事が決まっていました。でもそれにあぐらをかいて新規開拓を怠っていたら、急に案件が来ない……という時期が続いてしまったのです。

これはクライアントワークにおいてはよくあることだと思うのですが、**ある程度クライアントがついて事業がうまくいき始めると、そこだけで回してしまいがち**です。

うちの場合も、既存クライアントのＬＩＮＥアカウントを運用するだけでも十分な利益を得ることができていたので、新規のクライアントの開拓がおろそかになってしまっていたのです。

もちろん**「既存クライアント」だけで仕事が回るのはすばらしいことだし、そこは最終的に目指したいところ**ではあります。でもやっぱり**それに安住してはいけないの**です。

発注してくれるクライアントもいつまでも続くわけではありません。そのクライアントが仕事を辞めてしまうかもしれないし、社会情勢もいろいろ変化していくものです。

調子がいいときというのは「今の状態が半永久的に続く」と思ってしまいがちです。でもそこは本当に危機感を持っていないといけないところです。

僕の場合も案件がたくさん来ているときも油断せずに、ちゃんと広告にお金をかけたり、コラボセミナーに呼ばれたらこまめに参加したりするなど、営業に関わる活動の歩みを止めずにやり続けなければいけなかったのです。

そこでまた心機一転、一生懸命にがんばったところ、**あっという間に今までの1・5倍の案件を獲得**することができました。

センターピンは集客であって、そこを外してはいけないのだなとつくづく学びました。

失敗 ▼ 既存のクライアントだけで仕事を回してしまう

リカバリー術 ▼ 常に新規のクライアントを獲得する努力をし続ける

▼仕事の期限を決めること

うちの場合、案件がたくさんあれば、フリーランスの人たちにもどんどん仕事を供給できるし、Lステップの受講生にも現場体験を提供できるという、プラスの循環になっていきます。

うちの講座ではLステップをただ単に学ぶだけでなく、**実際の案件に関わることができる、つまり現場体験ができる**というのがウリのひとつです。学びながらも案件に関わることができるのはやっぱり魅力だと思うし、それをすることでみんなどんどん実力がついていきます。

これで**講座自体の価値も上がって、受講生がまた増えていくという相乗効果**も起こりました。

失敗したとき、うまくいかないときって、何から手を付けていいかわかりませんよね。

課題がいっぱいあって（またはあるような気がして）、軽くパニック状態になったりします。

でもそんなときは下手にあちこち手を出さないほうがいいです。**「まずこれをやる」と決めたらその一点に全力投球すること**で、いい結果を生み出すように思います。

「一点突破」の重要性

特別な才能があるわけでもなんでもない僕がここまでやってこられたのは、この**「一点突破」の力**だと思っています。

大学を卒業して最初に入ったアパレル会社がかなりのブラック企業で、僕は**ミスを連発して店長に怒鳴られる毎日**でした。

自己卑下のかたまりでしかなかった僕でしたが、店内の商品をどこにディスプレイするかを決める、**「商品レイアウト」を覚えたことで、多少なりとも自信を持つこと**

ができました。

その後、Lステップビジネスを始めたときも、それまでやっていた物販ビジネスを捨ててLステップ1本に絞りました。**今回も「講座の見直し」「案件獲得」はそれぞれ「一点突破」**でやりました。

僕のような凡人が才能のある人と戦うためには、この**「一点突破」しかない**と思っています。逆に言えば、**失敗しても「一点突破」の力で必ず立ち直れる**はずです。

思考力が脳を鍛える

これは最近気づいたことなのですが、**僕は決断力が足りなくて、最終の意思決定をするのが苦手**です。今頃気づいたのかい！　という話ですが（笑）。

自分が今やっているLINE構築のように、すでに確立しているビジネスならいいのですが、新しい、まだ世に出ていないものを自分で意思決定して値付けをしていくとなるとガンガン進んでいくことができないのです。滑ったらいやだなという恐怖心も大きいと思います。**難しい局面であればあるほど解が出せない**のです。

判断力・決断力も筋肉と同じで、鍛えることができる

こういうこともあります。ＬＩＮＥ構築を導入したクライアントが思うように成果が出なかった場合、対策を考えますよね。そんなときもクライアントが「それならこうしてみましょう」とアイデアを出して、こちらはそれに合わせて動くというケースが多かったのです。

それも本来ならば、**こちらから打開策を提案して実行していくことがベター**なはずです。そういうことがあるたび、自分は決断力が足りないと反省したり、自己嫌悪に陥ったりしていました。

でもそれは**決断力の問題ではなく、思考の量が足りなかっただけ**だったのです。それがわかったのが２０２３年の出来事でした。

あるエステサロンの方のＬＩＮＥ構築を担当させてもらったのですが、その人のイベントを開催するにあたって、イベント会社から「集客がちょっと厳しい」という相談を受けました。

日にちが迫っている話で焦ったけれど、めちゃめちゃ集中して考えて、分割決済を取り入れる、インスタライブを開催する、広告を打つなどのアイデアを出しました。

それをもとに進めた結果、最終的に定員枠をすべて埋めることができたのです。

イベントの主催者からも「誠さんが入ってくれなかったらどうなっていたかわからない」と、とても感謝していただきました。

このとき**「難しい局面であっても考え抜いて、自分なりの答えを出すことが大事なんだ」**ということを学びました。

そこからは**どんな局面でも「考え抜く」ことを意識する**ようになりました。すると自分なりに判断力・決断力がついてきて、難しい局面でも「こうやろう」と進めることができるようになってきました。

判断力・決断力も筋肉と同じで、鍛えることができるのです。要するに**僕は決断力がないのではなくて、決断力を鍛えていないだけだった**のです。

仕事をしていると困難な事態にも直面します。そんなときほど、**自分でしっかり考えて結論を出していくことが大事**だと思います。そのためにも日ごろから決断力を「鍛える」クセをつけていくことが重要です。

失敗
▼
思考の量が足りなくて、
難しい局面で答えを出すことができなかった

リカバリー術
▼
考え抜いて自分なりの答えを出していく
クセをつける

人に任せるための適切な領域と方法

▼トラブル多発のワケ

前にも述べた通り、うちでは僕や専属契約のスタッフが案件を取ってきて、実際の制作はフリーランスのメンバーが行います。

たとえて言うなら、「家を建てませんか？」と「建て主」を探してくるのが僕で、実際に現場の家を建てる大工さんの役割がメンバーです。

最初のうちは案件もそれほど多くなく、メンバーの数も決まっていたので、僕自身も内容にしっかりコミットしていました。

でも案件が多くなり、メンバーが増えてくると、どうしても僕一人ではマネジメントしきれません。人も育ってきていたので、かなりの部分をメンバーに任せることにしました。

僕はその分、案件の獲得や営業に集中すればもっと売上が増えると思っていたのです。

するとどうなったか。

トラブルが頻繁に起こるようになってしまったのです。制作物のクオリティが下がったり、クライアントの要求にきっちり応えられなかったり、あるいは相手の担当者と少々もめるなど……。

クライアントからクレームが出ることも増えていきました。

お客様のインサイトを理解できているか

こういうことがあってからは、案件を取ってきて「じゃあお願いね」とメンバーに任せきりにするのではなく、**僕自身がコンサルタントという立場でちゃんと案件に関わる**ことを心がけるようになりました。

打ち合わせも「REXLIに依頼したけど中村は1回も出てこなかった」と言われないように、ちゃんと自分が出ていくようにしました。

もちろん全過程に関わることは不可能なので、要所要所で出ていきます。**最初の商**

談はもちろんですが、運用のフェーズに入ると月1回の定期的なミーティングがあるので、それはできるだけ出ます。

あとはちょっと話がややこしいとき、あるいはトラブルになりかねないときはもちろん出ていきます。

そこで**全体のディレクションをしつつ、アイデアを出していくことで、結果的にクライアントの満足度が高まることがわかりました。**

「中村はベタで張り付いてはいないけれど、ちゃんと全体を見ていますよ」ということを相手にわかってもらうことが重要だったのです。

やっぱり**お客様のインサイトをちゃんと理解して、そこからずれないように自分で手綱を握っておかないといけない**のです。

そこをはき違えていました。

もちろん全過程を自分でやればいいのだけど、それでは事業として拡大していきません。

でも**任せ方や任せる領域を間違えると、結局レバレッジがかからない。**だから、**任せていいところと任せてダメなところをちゃんと見きわめることが大事**なのだと理解しました。

これをやったことで**驚くべき現象**が起こりました。

売上が上がったのです。

新しいクライアントを開拓するよりも、目の前のクライアントの満足度を高めたほうが最終的に売上は上がるのです。

「人を使う」「外注に依頼する」という仕事をしている人は多いと思います。事業が伸びれば伸びるほど、その機会は増えます。

しかし「任せきり」は本当に危険です。今発注してくれているクライアントに対しておざなりな仕事をしていたら、事業が拡大することはありません。**センターピンが何なのか、そこを押さえておくことが大事**です。

失敗 ▼ メンバーに任せきりにしていたらトラブルが発生し転びまくった

リカバリー術 ▼ 現場に任せきりにしないで、要所要所でしっかり関わる

任せる領域を見きわめられると、クライアントの満足度が上がる

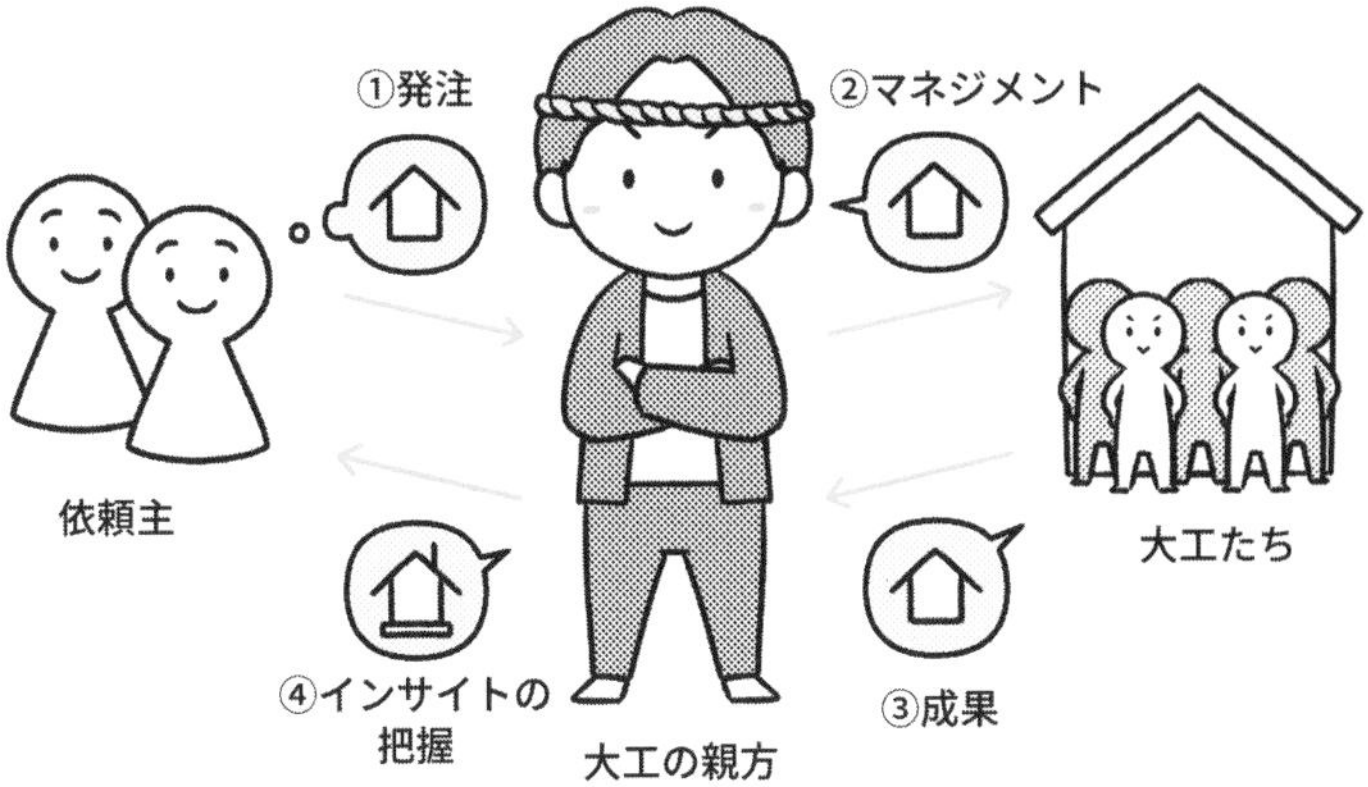

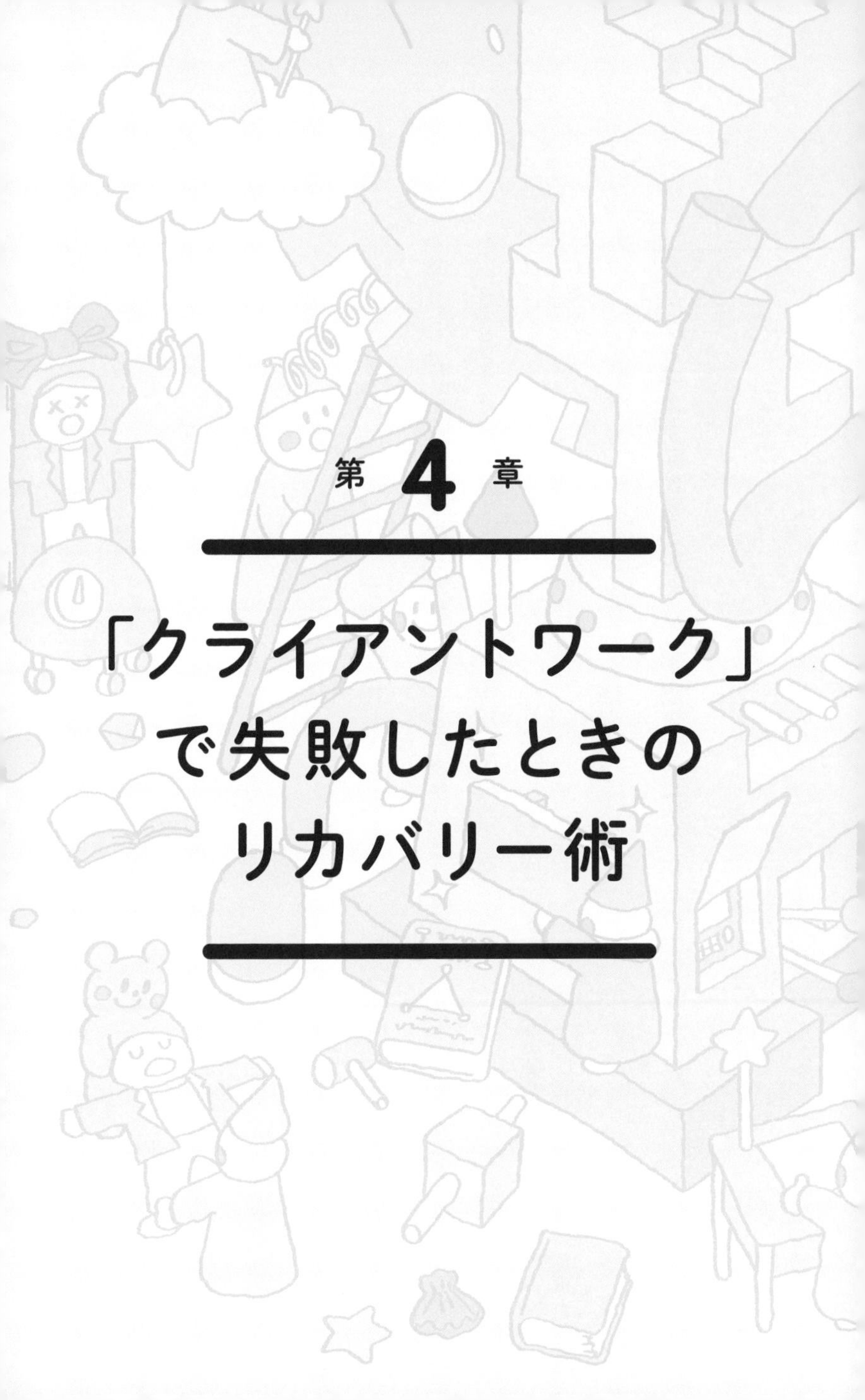

第 4 章

「クライアントワーク」で失敗したときのリカバリー術

落ち込んだ売上をV字回復させた方法

期待値はムダに上げない

世の中の多くの仕事は**お客様がいて、その注文に従って商品やサービスを提供するというクライアントワーク**だと思います。

クライアントワークをするうえで、避けて通れないのが**お客様からのクレーム**です。このクレームをいかに回避するかはとても重要です。トラブルがあると、対応に追われて、時間もメンタルも消費します。

特に**うちのような仕事の場合は「上限値」「正解」がありません。**すべてが「お客様満足度」です。

これがネジ製品であれば「〇センチ」とサイズに合わせたものをぴったり作って納

品するのが完成品です。けれどもうちの場合は「見た目がきれい」とか「わかりやすい」といった定性的（数値化できない）要素が強いのです。

すると人によって評価にばらつきが出ます。**同じものを仕上げても、Aさんは「いまイチだな～」と渋い顔をするけれど、Bさんは「もうこれ最高」と大喜びする**という現象も起こりえます。

こういうビジネスモデルの方は多いと思います。

となると**そこで大事になってくるのは、「期待値調整」**です。

期待値調整とはこの場合、「こういうクオリティのものをいついつまでに出しますよ」というすり合わせを行うことですが、最初の段階で「すごいものができます」「御社の売上がガラッと変わります」と相手の期待値をムダに高めないことが、まず重要です。

高額では満足度を満たせない

そしてもっとも**期待値を左右するものが「金額」**です。

たとえば2000円の福袋と、10万円の福袋では期待値がまったく違います。2000円ならそれほどいいものが入っていなくても「まあこんなものかな」と思えるけれど、10万円払ったらかなりすごいものが入っていないと満足できないですよね。

当然ですが、**値段が高ければ高いほど、「お客様満足度」を満たすのが難しくなります。**

うちの場合も、LINE構築代行の費用はフルセットで200万円とか、300万円とかいう値段設定をしていました。高いと思われるかもしれないけれど、うちにしてみれば、作業だけでもそのぐらいもらわないと、正直きついわけです。

ところがクライアントからしてみれば、200万円とか300万円を払ったら、**売上が倍増するだろう、大きく変わるだろうという「期待」がすごい。**

実際運用を始めると、もちろん多くの場合はいい効果が出ます。ただ、中には「思ったよりも売上が上がらなかった」というケースもあります。そうなると「こんなに払ったのにどうして売上が上がらないんだ」というクレームになってしまうのです。

でも僕らにすればめちゃめちゃがんばっているし、やるべきことはやっているわけです。

これはかなりの悩みどころでした。

▼売上が劇的に上がる「サブスク方式」

そこで考えたのが**「サブスク方式」**です。

うちはもともと**「短期間で最強のLステップを作って納品します」**という売り方で完成品を一発納品していました。

これをやめて、最初は月額20万円とか30万円といった少額で契約して、あとはクライアントの意見を聞きながら少しずつ改善していくことにしたのです。

たとえばリッチメニューとLINEの登録の申し込みのフォームなどミニマムなものを作り、1回まずリリースします。あとは運用しながら、必要なものを増やしていくのです。

この方式ならお互いに検証の数を増やしていくことができます。**スモールスタートでクライアントと伴走しながら、売上を伸ばすお手伝いをしていく**感じです。

これだとクライアントとも長いお付き合いになるから、「クリスマスだからちょっと価格を下げてプロモーションをしてみませんか？」などといったマーケティング的な提案もすることができます。

この効果はすごかったです。

初期費用が小さくて済むからクライアントも負担が少ないし、運用しながら改善できるので反響もよく、売上も確実に上がっていきました。

フルセットで２００万円、３００万円で受けていたときは、１カ月半かけて構築し、その後運用しながら１カ月かけて改善していくというプランでした。

でも実際には２カ月半で終わることなんかほとんどなくて、だいたい６～７カ月と延びるのが普通でした。

というのも、この仕事は運用してみて初めてわかることがいっぱいあるのです。

値段が高いほど期待値が上がり、値段が安いほど期待値が下がるので
相手の期待値をムダに高めないよう「期待値調整」が大事

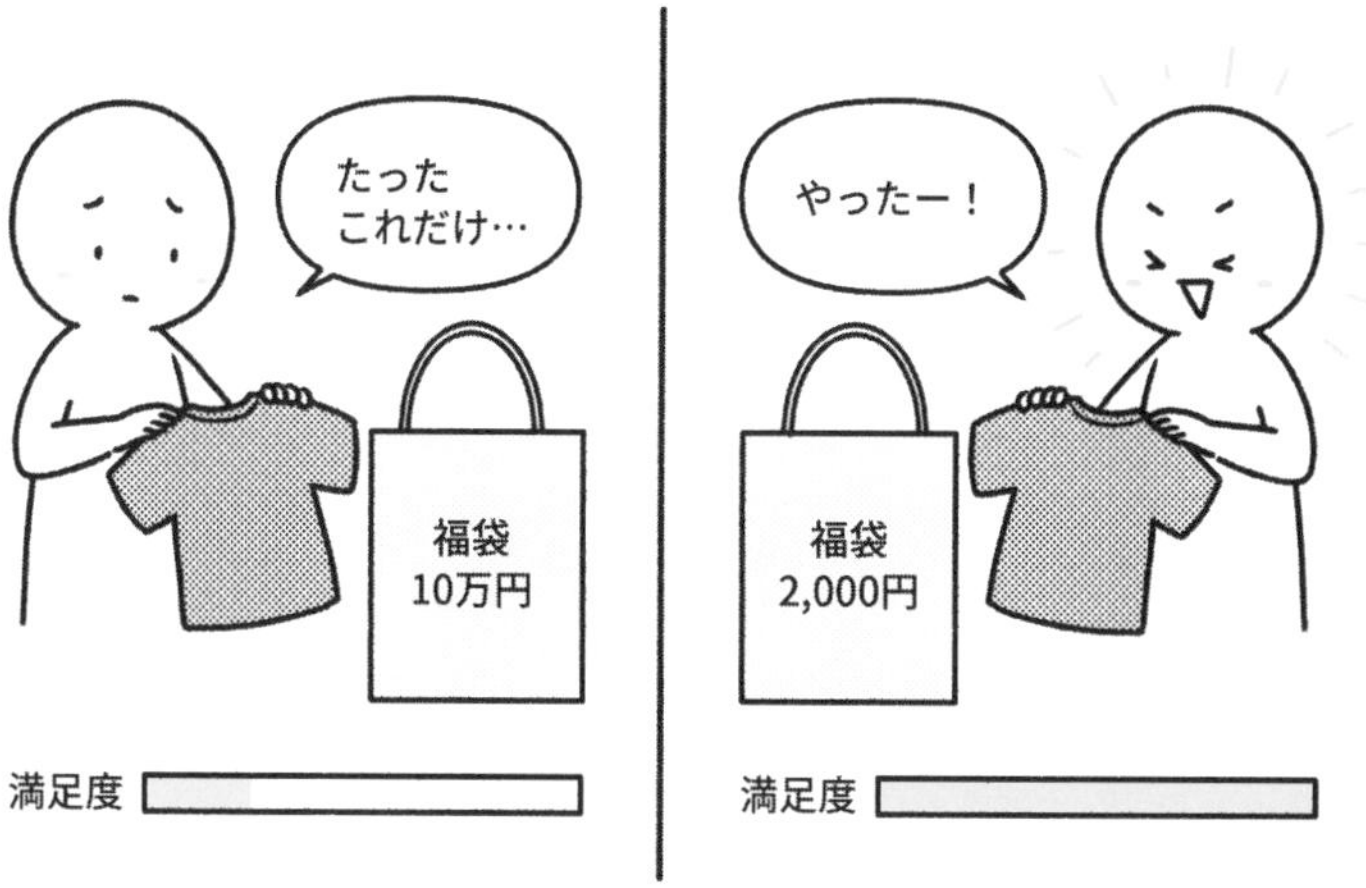

「やっぱりこれはいらない」とか「こういう項目が欲しい」とか、最初の予定と違うことがいろいろ出てくるものです。それを考えれば月額30万円で半年かけて段階的に作り上げていけば180万円で、200万円で受けたのとほとんど同じです。それだったら月額30万円のほうがいいですよね。

クライアントにとっても毎月30万円のバリューを感じて、「30万円以上の価値がある」と思ったら続けてもらえばいいし、感じなかったら契約を解消してもらえばいいから、ハードルが下がります。

このサブスク方式にしてからは、うちの**売上もまた一気に上がったし、クレームが激減**しました。

▼クライアントのニーズを外さない方法

サブスク方式がいいのは、クライアントのニーズを外さない点です。

完成品を一発納品するというやり方をしていたときは僕らが「こういうことだろう」と思い込んで作って、その結果、滑ってしまうということもありました。デザインがクライアントの好みに合わなかったとか、リリースしても全然効果がなかったとかです。

クライアントワークでは時としてそういう行き違いもありえます。とはいえ、いったん全部作ったものを作り直すのはかなりのエネルギーが必要です。何度修正しても終わらず、消耗戦みたいになってしまい、疲弊して辞めていくメンバーも出てしまいます。

これは**クライアントの属性をこちらが理解していなかったことに原因があります。**クライアントのほうも最初から「どういったものが欲しいか」ということをしっかり言語化・イメージ化ができているわけではなく、できたものを見て初めて仕上がりがイメージでき、「それならこっちのほうがよかった」と注文をつけてくるということも多いものです。

これもサブスク方式にすることで回避することができます。

また最初の段階で「この商品はＬステップを導入しても効果を出すのは難しいかも

しれない」と思ったときは、「売れるか売れないか、自分にはちょっと判断がつかないのですが、やるだけやってみますか？」という具合に相手に投げかけて判断してもらうこともできます。

そうやってスモールスタートで展開していけば失敗は激減していきます。

このサブスク方式はクライアントワークをされている人にはぜひ試してみていただきたいと思います。

いきなり完成品を納品するのではなく、クライアントの意見を聞きながらちょっとずつ作っていく。**どの業界、どの業種であっても、工夫次第で取り入れることができるのではないでしょうか。**

失敗 ▼ 高い値段設定で期待値を上げすぎた

リカバリー術 ▼ クライアントにも自分にもメリットの大きいサブスク方式を採用する

▼気軽に挑戦できる環境を作る

先だっても、あるクライアントとミーティングをしているときに、「こうやって話しているといろいろアイデアが湧いてくるから、それをどんどん試していきたい」と言われました。

また「LINE VOOM」という新しい媒体があるのですが、別のクライアントにそれを勧めたら、「うまくいくかはやってみないとわからないから、とにかくやってみる」と言ってくれました。

サブスク方式もそうですが、こうやって**クライアントと一緒に考えて、一緒に試していくというのがこれからのビジネスのひとつの形**だと思います。

「このように作りました」「これが絶対にいいです」と**「完成形」を提示するというスタイルはやっぱりリスキー**だと思うのです。結果が出なかったときのダメージが大きすぎます。

そうではなく、僕らが入ることで、ひとつのチームとして、PDCA、つまりPl

an（計画）、Do（実行）、Check（評価）、Action（改善）をやっていくのです。結果を出すためのスピードを上げるお手伝いをしていくというイメージです。そういうやり方であれば**気軽に挑戦して失敗もできます。**

カードをめくった数を増やせれば、残りの「当たり」のカードがどんどんしぼられていきますよね。そうやって**クライアントと一緒に「当たり」を引き当てる作業をしていくことで最適解を導き出せる**のだと思います。

PDCAを回し、クライアントと一緒に最適解を導き出す

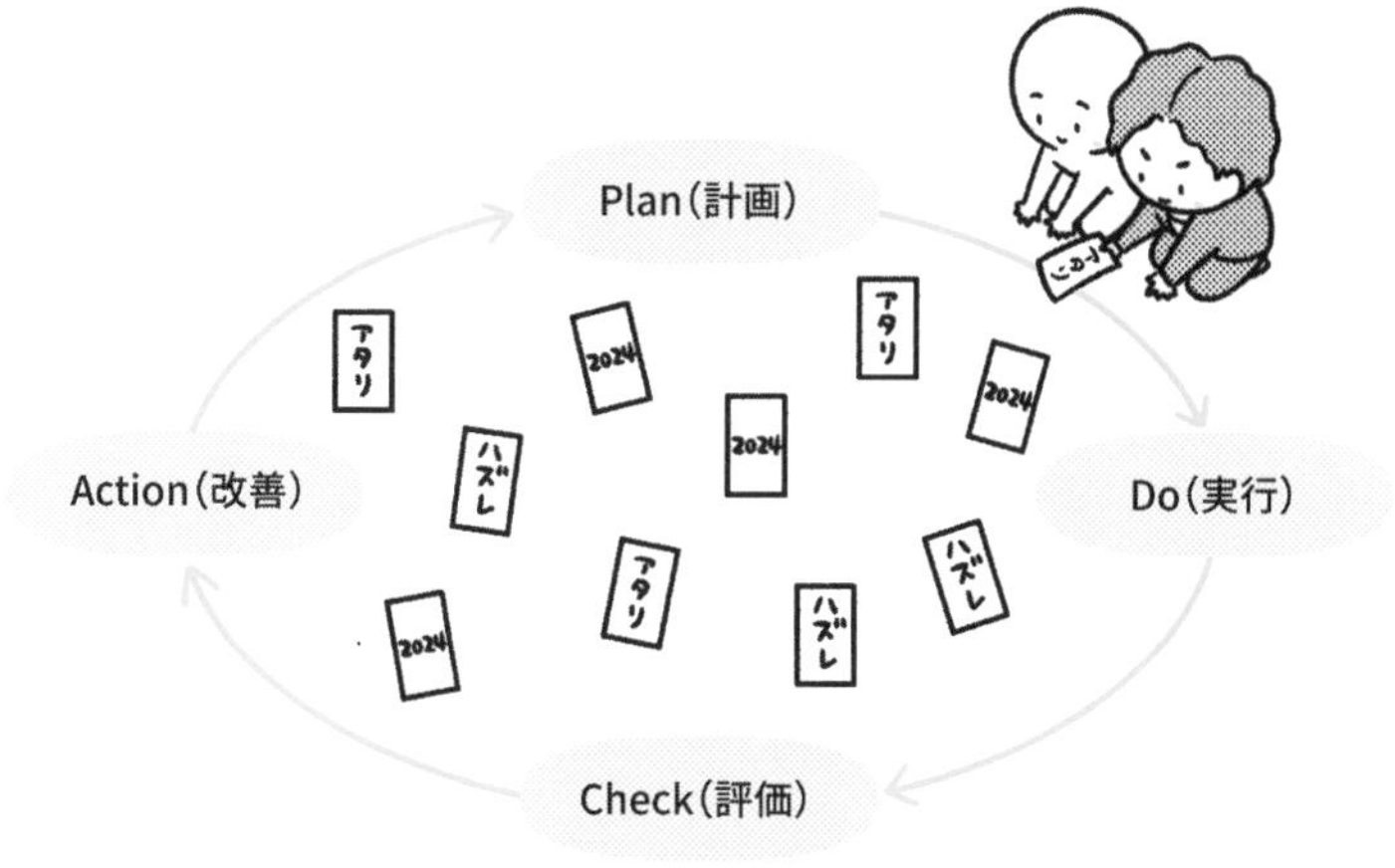

生き残るために必要な変化

▼時流に乗って変化していく

僕はこれまで**「自分で市場を掘り起こす」**ことで成長することができました。**LINE構築の運用代行業は今でこそいろいろな事業者がいますが、最初は僕が思いついて始めたビジネス**です。

Lステップの講座もそうです。最初はLステップをもっとみんなに知ってほしいという思い付きで始めた講座だったのですが、たった1日で80人が申し込むという、予想を上回る反響があってビックリ。これをきっかけとして、**本格的にLINE構築を教える講座を開講**することになりました。

とはいえ、最近ではＬＩＮＥ構築運用代行もＬステップの講座も、細かい需要に対応する初学者向けの安いものが出てくるなど、安住してはいられません。

だから**常に時流に乗っていく**ことを考えます。Ｌステップの講座の受講生の減少に伴って内容をテコ入れしたことで、受講生が増えて持ち直したという話をしましたが、それとともに**新しい講座の開講**を考えました。

今まではフリーランサー向けに、案件を受注して、ＬＩＮＥ構築を代行するという講座をやってきたけれど、そうではなく、**自分の事業にＬＩＮＥを導入するにあたって自分でやってみたいという人**もいるわけです。

そういう人向けの講座がないということに気づいて、今、新しく作ろうとしているところです。そこで受講生が「自分で全部やるのは大変だからやっぱり手を貸してください」という話になったら、うちのメンバーを入れることもできて、案件の供給量を増やすこともできます。

うまくいっていたやり方をずっと続けることって実はリスクが高いのです。時代の情勢に合わせて適応していかないと、いつ足をすくわれるかわからない世界。不安があるからこそ、動いている感じです。
変化していかないと生き残れません。

失敗 ▼ うまくいったときのやり方をずっと踏襲してしまう

リカバリー術 ▼ 時流に乗って変化していく

▼クライアントを「特別扱い」する

僕は自分のVIPクライアントやお世話になっている人、仲のいい人、30人ぐらいのLINEグループを作っていて「六本木マコト会」と命名しています。名前の示す通り、六本木近辺で不定期に会食をしています。

これはもともと、**クライアントやお世話になっている人に仕事以外の部分で価値提供をしたい、喜んでもらいたいという気持ちから始めた**ものです。

1回の会食ではだいたい5〜6人を呼ぶことが多いのですが、その場で僕が引き合わせて初めて会う人もいます。それぞれジャンルは違うけれどみんな稼いでいる人たちだから、ものすごく話が盛り上がるのです。「そういうことならぜひうちとジョイントしましょう」「こういうことを一緒にやってみませんか」みたいな話になることもしばしばです。

そこでいろんなアイデアも生まれるし、新しい仕事も生まれていくのです。

そうやってクライアント同士を結び付けることで起こるシナジーってすごいものがあって、本当にいつも驚かされます。

クライアントとビジネスだけの関係で終わらせるのではなく、こちらからできる限りの価値提供をしていくことで、自分の仕事もどんどん広がっていくというメリットも生まれます。

これはもう会社員であってもフリーランスであっても同じです。**「人と人をつなぐ」ということは非常に大事なこと**で、それによってみんなに喜ばれるし、結果的に自分にもメリットが跳ね返ってくることもあります。

目線を下げれば仕事の枠は一気に広がる

▼「クライアントを選ぶ」という発想

第3章で売上が落ち込んだ話をしましたが、これを回復するために大きくパラダイムシフトしたことがあります。

それは**「クライアントを選ぶ」**こと。

僕たちの仕事は**クライアントワーク**です。つまりクライアントから発注を受けて、クライアントの目的や要望に沿うものを作り上げて提出するものです。

当然ですが、クライアントによってニーズは異なるわけで、場合によっては要求を満たすものができないケースも出てきてしまうのです。もちろんほとんどは満足していただけるのですが、中にはうまくいかないときもあるわけです。そこでひとつ大きな決断をしました。

LINE構築を希望する人というのは大きく「コンテンツ販売系」と「実業・リアル店舗系」に分かれます。

コンテンツ販売というのは、自分の持っている情報やスキルをセミナーやスクールという形で販売することです。今、このコンテンツ販売のジャンルはものすごく伸びていて、すごく稼いでいる人、インフルエンサーになっている人もたくさんいます。

一方、**「実業・リアル店舗系」は、いわゆる一般的な街の美容室とか、飲食店、クリーニング店、あるいは美容クリニック、学習塾など。**

これに加えて一般企業もLステップをどんどん導入し始めています。Lステップは基本的にBtoC（企業から消費者に直接物を売ったり、サービスを提供したりするビジネスモデル）ですから、ほとんどの企業が活用できるのです。

▼不得意を捨て、得意分野で勝負する

コンテンツ販売と実業・リアル店舗、うちはこれまでこの両方の案件を行っていま

した。ところがコンテンツ販売というのは扱う商品が50万円とか100万円など高額なわけです。

それを「プロダクトローンチ」というマーケティング手法で売っていくのですが、そうなるとLINEの構築もかなり作り込んだハイレベルのものが求められます。

LINEの中で見せる動画とか、LINEから誘導するセミナーの中のスライド、商品のコンセプト、そういったものが複合的に積み上がって初めて売上につながるのです。

こういうことは自分でコンテンツ販売をやった経験がないとなかなか理解できない世界で、「焼肉店やクリーニング店のLINEのリッチメニュー（クーポンや予約の機能）を作る」といったこととは複雑さのレベルが違うわけです。

うちで抱えているメンバーはかなりの実力者集団だけど、全員がそれに対応できるわけではありません。

それなのに「この人で大丈夫だろう」と割り振ってしまって、クレームになったことも正直言ってありました。

そこで**僕は悩みに悩んだ結果、ベースとして「実業・リアル店舗」の割合を増やしていくことに決めました。**

実業・リアル店舗である焼肉店やクリーニング店のLINE構築ならば、うちのフリーランサーなら誰でも対応できます。そしてこのジャンルの市場に力を入れて開拓していくことに舵を切ったのです。

▼無理な壁は乗り越えなくていい

それから、そもそもジャンルに限らず**難しい案件は無理をしない**ことにしました。

というのも、クライアントによってはきわめて基準値の高いものを求めてくるケースがあるのです。うちのメンバーも一生懸命取り組むものの、どうしても要求に応えきれないということもあるわけです。

だったらもう最初から**「この難易度に応えるのは難しい」「もめる可能性がある」という案件は勇気を持って断る**ことにしました。

こう言うと、なんだか安きに流れたとか、楽なほうを選んだ……みたいに思われるかもしれません。

「成長するというのは壁を越えること」というイメージがありますよね。でも**よく考えてみれば、「そもそもその壁は越える必要があるのか」**ということなのです。

難しい案件に取り組めばそれを乗り越えたときの満足感はあるかもしれないけれど、何度もやり直しになって時間もめちゃめちゃかかって、メンバーも疲弊してしまったら、そこで得られるものは何かという話です。

それより**無理のないところで戦って、お客様にも満足してもらって、「よかったね」で終われればこんないいことはない**わけです。

だから僕はその壁を越えることは選びませんでした。

でも不思議なことに、「実業・リアル店舗」の割合を増やすと決めた途端、日本を代表するようなメーカーや銀行、情報機器の会社から続々と話が来るようになりました。ある意味で**ブランディングに成功**したのかもしれません。

チャンスがいろいろあるときって「あれもいいし」「こっちもいいよね」となって、どこに行けばいいか、ブレてしまいがちです。

そういうときに自分が本当に行きたいところはどこなのか、しっかり芯を持っておくことが必要です。**「今できることは何か」**ではなく、**最終的にどうなりたいか、そのターゲットを定めておけば、ブレることなく取捨選択ができます。**越える必要のない壁に無理に立ち向かってボロボロになる必要はないのです。

そして**本当にやりたいこと、行きたい場所であれば、その壁こそはどんなに高くてもがんばって越えていくという覚悟が必要**なのだと思います。

失敗▼

すべてのクライアントの要求に応えようとしていた

リカバリー術▼

要求の高すぎるクライアントは勇気を持って断り、自分たちの得意なフィールドで勝負する

トラブルを プラスに変える方法

トラブルは「スピード対応」一択

クライアントワークでは、時としてトラブルが起こってしまうこともあります。たとえばスタッフの対応に問題があってクライアントが怒ってしまったとか、制作物にクレームがついたなど。ヒューマンエラーはどうしてもあるし、気をつけていても避けられないこともあるのです。

トラブルが起こったら、その場で解決に動きます。こちらに非があることが判明した場合は飛んでいければ飛んでいくけれど、それができなければZoomをつないでもらって、できる限りその日のうちにお詫びします。

トラブルを認識したら秒で動くことが重要です。

「明日でいいか」「折を見て謝ろう」などというのんびりした態度では事態はどんどん悪くなります。即座に動くことで、クライアントもこちらの誠意をわかってくれます。

これはちょっと小ズルい部分もあるのですが、僕の場合は**「中村が出てきたならしょうがないか」**と思ってもらえるケースも多いです。SNSで影響力が高まると、こういうメリットもちょっとあります。

でもトラブルが起こったときに社長や責任者が率先して出ていくのは大きいと思います。

▼「全額返金」という最終手段

僕は、こちらが原因でトラブルが起きたときは「全額返金」を基本としています。

とあるインフルエンサーさんの仕事でこういうことがありました。

そのインフルエンサーさんはうちの仕事でちょっと気に入らない部分があったようでした。これも前述のように、僕がメンバーに任せきりにしてしまったことが原因でした。

ところが、そのインフルエンサーさんはXで「某ＬＩＮＥ構築代行会社に頼んだら、２００万円も払ったのにショボい仕事をされた」と書き込んでしまったのです。

うちの名前こそ出さなかったものの、わかる人にはわかります。もちろんうちを攻撃しようとしてやったことではなくて、本人にすればちょっと軽い気持ちでぼやいてしまったのだと思います。しかし**かなりのフォロワーのいる人ですから、その打撃は想像以上のもの**でした。

これは前項で述べたことにもつながるのですが、うちの得意でないジャンルの仕事を受けてしまったことに、そもそもの問題がありました。

急いで直接謝って、「全額返金」とさせていただきました。そのインフルエンサーさんも理解してくれて、丸く収まりホッとしました。

そうしたら今度は**僕のことをＳＮＳでめちゃめちゃ褒めてくれる**ようになって、これにはかえって恐縮してしまいました。こちらのほうが悪かったのに懐の深い人です。

失敗 ▼ 失敗してもすぐ解決に動かない

リカバリー術 ▼ 即座に動き、全額返金で対応

▼「モンスタークライアント」に遭わない方法

クライアントと言ってもいろいろな人がいます。もちろんほとんどはいい人ですが、中には何度も修正をさせられて終わりがないとか、かなり理不尽なことを要求されるといった「モンスタークライアント」もいないではありません。

もちろん誰であっても、うちを信じてお金を託してくれた人に誠心誠意向き合ってやりきるのは当然なのですが、うちとしても消耗がすごいわけです。

でも**「トラブルになりそうな人」は、「洞察力」をつけることである程度見抜くことができます。**

トラブルになる人っていくつかにパターン化できるものです。「こういう属性の人」

とか「こういうやり方をやっている人」など。

そのパターンさえ見分けることができれば、その界隈にはあまり近づかないようにするとか、発信の仕方を変えるなどといったことで、モンスタークライアントを避けることができます。

僕も**この洞察力がついたことで、グッと平和な毎日が送れるようになりました**(笑)。

最後までやりきること

これは僕のちょっとした自慢なのですが、**これまでクレームになった人とも、なんだかんだ言って仲良しになって、仕事が終わった後も関係が続いています。**

「そんなことができるなんて誠さんはすごい」と言われることもあります。でも1回仕事で関わったし、ご迷惑をかけちゃったから、やっぱり何かの形でお返ししたい、気持ちの悪いままで終わりたくないという思いが僕の中にあるわけです。

だからクライアントからクレームが出たときは、こちらが持ち出しになってもやりきります。もともと2カ月で想定していた仕事が1年かかったり、メンバーにも追加でギャランティを払ったり……。

文句を言われながらだとしても、最後までやりきって結果を出すと、クライアントも最後は喜んでくれるのです。とにかくやりきることです。

第5章

「自己成長」ができないときのリカバリー術

「時間がなくても勉強ができる」方法

▼時間をどう捻出するか

2023年、僕は**「ワインエキスパート」**の資格を取得しました。

ワインの資格というと「ソムリエ」が有名ですが、これは職業としてワインを提供している人のみが受験できる資格です。

ワインエキスパートは、職業としていなくても20歳以上であれば受験できる資格です。ちなみに合格率は30％、3人に1人しか合格できません。

僕は**仲良くさせてもらっているアーティストさんと一緒に学校に通い始めて、一緒に一発合格**することができました。

しかし、この試験は本当に大変でした。最初、分厚い教本を見ただけで「これは生半可な勉強では到底受からないぞ」と心の中で冷や汗が流れたのを覚えています。

ワインの種類・産地を全部覚えたうえに、ワインについての歴史や文化など、勉強しなくてはならないことが多いのです。

問題は**勉強時間をどう捻出するか**です。当たり前だけど仕事時間は削れないし、夜は週の半分ぐらいは会食があります。「無理すぎる……」と思ったのですが、それでも**よくよく考えてみたらムダな時間がある**ことに気づきました。

たとえば**夜10時以降にダラダラYouTubeを見ていたり、ひとつのミーティングが終わって次のミーティングまで30分あるというときに、ネットサーフィンをしてしまったり……**。

でもその30分があれば、産地をこれだけ覚えられるとか、あるいは過去問をやれるとか、そういう発想になりました。**30分でやれることっていっぱいある**ものです。

あと、朝も起きてからゆっくりしていました。それも**パッと起きて行動を始めれば、15分の勉強時間が作れます**。

それから**移動時間ももったいない**ことに気づきました。僕はカフェで仕事をすることが多くて、タクシーに乗って仕事のしやすいカフェまで行ったりしていました。その時間も惜しいので自宅にこもるようになりました。

そうやって考えるとスキマ時間ってものすごく多いのです。**忙しいと言いながらも結構ムダな時間を過ごしている**ということに、ワインの勉強を通して気づかされました。

結果的に半年間で400〜500時間ぐらいを勉強時間に充てました。それも通常通りの売上を立てながらやれたことが自分で自慢できるポイントです。

▼超難関試験を突破できた理由

ワインの勉強で一番大変だったのが、国別のワインの産地を覚えないといけないことでした。ワインというとフランスが思い浮かぶけれど、イタリア、スペイン、チリ、オーストラリア、アメリカなど産地は世界中にあります。ウルグアイ産なんてのもあります。もちろん日本もあります。**それをその国の言葉で覚えないといけない**のです。英語ならまだしも、知らない国の言葉って全然頭に入ってこないものです。

最初は教本を前に啞然としたのですが、ここでも役に立ったのが77ページで述べた

「一点突破」の力でした。

まず日本語だったらすんなり頭に入ってくるので、日本の産地を全部覚えました。**「これだったらほぼ完璧」というものがひとつできると自信がつく**ものです。**勉強のやり方もそこでなんとなく確立する**こともできます。

次に重要ではあるけれど、産地が少なめで覚える量の少ないドイツに着手。それを横展開させる形でひとつずつ覚えていきました。

最初は途方もない道のりにしか思えなかったけれど、「1個ずつ確実に」潰していけば、必ず道は開けていくものです。**事業の挽回策から学んだことがワインの勉強にも役に立ちました。**

▼ムダを省くクセをつける

こうやってワインと真剣に向き合った結果、思ってもいないことが起こりました。なんと**仕事がめちゃめちゃはかどるようになった**のです。

ダラダラ過ごす15分、余計なことに使っている30分に気づき、**その時間も全部仕事**

に充てられるようになったのです。今までは時間をムダにしていることにすら気づいていませんでした。

そして15分、30分のムダであっても、まとまれば大きな時間になることもわかりました。

ムダを省くクセがついた今は、ミーティングも30分刻みでこなせるようになりました。1日に10件とか余裕で行けます。以前は1日に5件入れたら「今日はすごく仕事したな」と思っていたのだけど、勝手に限界を作っていただけでした。

ミーティングを詰め込みすぎて「あれ、何の議題だったかな」とか頭がバグることもたまにありますが（笑）、でも**仕事の効率は格段にアップ**しました。

失敗 ▼ スキマ時間の15分、30分をムダにしている

リカバリー術 ▼ その15分、30分を仕事時間に充てる

▼悩んでいる間に手を動かせ

ワインの勉強に追い込まれていたとき、特に試験前は**「仕事をしなきゃいけないのに、ワインの勉強を優先的にしないといけない」となって、本当にパニックに近い状態**になりました。

でもそこでわかったのは、**「悩んでいる間に手を動かせ」**ということでした。**時間を詰め詰めにしてどんなにハードスケジュールになっても、とにかく終わらせてしまうことで悩む数が減る**のです。

僕も案件がなかなか取れなくて売上が落ちるとか、メンバーの成長があまり著しくないとか、いろいろ悩むことがあります。でも**悩んでいる間にすることがある**のです。たとえば「案件をもっと取りたい」という課題があったとして、それを解決するためにどうすればいいかと考えたり悩んだりすることに時間を使うのではなく、ITの展示会に出展して1週間ガッツリ、5000人に会うのです。要はたくさん人のいるところに出ていけば結果として案件が取れるわけです。

もちろん展示会に出展するのにも費用はかかるけど、**何もしないで悩んで1週間後を迎えるより、がむしゃらに動いて1週間後を迎えたほうが絶対いい結果が待っているのです。**

「最近、メンバーがちょっと成長していないな」と感じたときも、悩む前に僕が一人一人とミーティングしてフォローしていくことで、実績を伸ばすことができるわけです。今までの僕は課題に対してぐだぐだ悩んでいる時間が多かったのです。これもワインのおかげで気づくことができました。

もちろん、タイパ（タイムパフォーマンス）を上げれば上げるほど、体はきつくなります。でも**課題が消えるから悩みがなくなる**のです。**物事がスムーズに進んで結果が出れば、もうそこには喜びしかない**のです。

失敗▼悩むことに時間を使っていた

リカバリー術▼悩んでいる時間があったら行動する

「休み」は未来への投資

もちろん、タイパを上げてガンガン仕事をすればいいというものではありません。ガッツリ働いた分、**しっかり休むことも大事**です。

僕もそうなのですが、日本人はみんなマジメだからオフのときもついつい仕事をしてしまって、**「24時間仕事」みたいになってしまう人が多い**と思います。

でもそれだとだんだん枯渇していくんです。後で述べる、「質のいいインプット」のためにも休みは必要です。

僕の場合はこうしています。僕はGoogleカレンダーでスケジュール管理をしているのですが、これはスケジュールごとに色分けすることができるものです。だから仕事とオフを色で分けて、「この時間はオフ」というのをきちんと認識します。

そして**金曜日の夜は144ページで述べる「誠マガジン」を書く時間と決めていて、それを1週間の仕事の区切り**としています。

土曜日はインプットの日、日曜日は休みです。平日にこなせなかった仕事があった場合は日曜日を充てます。

こうやって仕事のサイクルを作ってメリハリをつけることで、すごく仕事が回るようになったし、充実感も違います。

僕の場合は**金曜日の夜にマガジンを書き終わったときが1週間の終わりなので、そこをめがけて平日を駆け抜ける**感じです。

それと日曜日は仕事の予備日でもあるので、そこでその週にこぼれたビハインドの仕事を取り戻すことができます。あるいは「来週はちょっときついな」というときは先にこなしておくこともできます。この**日曜日というバッファーを設けることによって、仕事はものすごくスムーズ**になります。

以前は僕も24時間、土日も関係なくダラダラ仕事をしていたのですが、こうやって**スケジュールにメリハリをつけてちゃんと休むようにしたことで、かえって仕事の効率が上がりました。**これは「24時間仕事人間」の人はぜひともやってほしいと思います。

本当に生きた情報を入手する方法

▼成長を促進する自己投資

自分を成長させるために、**自己投資、勉強は欠かせない**と思います。

自己投資というと、本を読む、セミナーを受講するといったことが挙げられます。もちろんそれらも重要ですが、僕が一番大事だと思っている自己投資、勉強法は、**「リアルの場」**です。

クライアントとのミーティングや会食などで常に生きた情報を仕入れるのです。

生きた情報というのはどういうことかというと、たとえば先日は、あるオンラインサロンの運営者から、「フォームの退会画面を若干、手間のかかるものにしておくことで退会率が下がる」という話を聞きました。それをその人の競合ではない、他のオンラインサロンの運営者に伝えたら、とても喜んでくれました。

あるいは「ライブを使ったプロモーションを取り入れると効果がある」と聞いたら、その人にうちのＬステップの講座に来てもらって勉強会を行い、生徒さんに教えつつ、僕らもそれを応用して取り入れてみるなど。

そういった**「生きた」情報には、やっぱり本やネットではなかなか得られない、プライスレスな価値がある**ものです。


それとこれはちょっと言い訳にもなってしまうのだけど、ライブの場で学ぶことで**座学の時間を節約することができる**わけです。

また、どんな情報も活かしてこそだと思うのですが、**本やネットで学ぶと「教養」で終わってしまいがち**です。でも、こうした**リアルの場で学んだ情報はすぐに実践の場で役立つ**ことが多いのです。

▼「情報」がお金に変わる

僕にとっては**見るもの触れるものすべてが「情報」で、その意味では24時間が勉強**

時間だと思っています。

そして**情報が仕事になり、お金に変わっていきます。情報を仕入れれば仕入れるほど得られるものが大きいから、できるだけ多く、いい情報を仕入れようと常に画策**しています。ちょうど物販で商品を仕入れれば仕入れるほど売るものが多くなるのと一緒です。

その際**もっとも「使える」情報を得られるのが、僕の場合、リアルの場**なのです。**リアルの場といってもやっぱり会食**です。**会食という名の情報交換の場**という感じです。だからもう週に3〜4回は会食です。

最近は**「会える人」が確実に変わった**ことを感じています。経営者とか、病院を経営しているお医者さんとか、めちゃめちゃやり手の弁護士さんとか、とにかく普通では会えないような人に会えるようになりました。

この間も、ものすごく流行っているゲーム会社の社長さんや、誰でも知っている会社の社長さん、大手飲食チェーンの社長さんに会うことができました。

これは**ワインの力が大きい**です。ワインを飲む会というのは、やっぱりVIPがそろっています。もちろん僕からもワインの知識をシェアしたり、情報提供をしたりすることを心がけます。

案件獲得、ワイン、人脈、情報の仕入れが、全部ワンストップでサイクル化することができているのが今の僕の強みになっています。

会食の重要性

会食の重要性は、後に述べる田窪洋士さんと一緒に仕事をしているときに学んだことです。田窪さんは会食しながら打ち合わせをするということを365日レベルでやっているのです。そこでの収穫はすごかったです。**1時間一緒にご飯を食べたら何かの仕事が成立している**みたいな感じです。

それを近くで見ていて、**人と接点を持つことで仕事というのは生まれる**のだなということを肌感覚で学びました。

人と会って話すことで「次はこういうことをやってみよう」「これをやったらいいかもしれない」というアイデアが無限に広がり、仕事が生まれていくのです。

人と会うことでセレンディピティー（偶然がもたらす幸運）みたいなことが起こっ

マネタイズのためには直接人と会うことが必要

て、勝手に「結果」がついてくるという場合もあります。

ネットの時代で僕自身もネットビジネスを仕事にしているけれど、**やっぱり直接人と会うことは必要**です。

であれば、**その機会をできるだけ増やすのがマネタイズのためには絶対に欠かせない**と思います。

ただ、デメリットは交際費が異常にかかるということと、外食が多いからウエイトコントロールが難しいということです。僕も最近体重オーバー気味で困っています（笑）。

▼ゴルフも仕事に役に立つ

ワインと同じように、**ゴルフも仕事にものすごく役に立ちます。なんで経営者やVIPがこぞってゴルフをするのかわかりました。**

先日も仲良くしているアーティストさんと一緒に行って「164」で回りました。20人中17位（笑）。でも17ホール目ぐらいにドラコン賞（飛距離が一番出た人がもらえる賞）があって、たまたまそのホールだけドライバーでぶっ飛ばすことができたので、ドラコン賞をもらえたのです。

これはめちゃめちゃうれしかったです。賞をもらえたことではありません。**「ドラコンを取るようなやつが20人中17位？」**、**あるいは「17位のスコアのやつがドラコン賞を取った！」**ということですごく目立つことができたという、そのことです。

そのときはめっちゃ有名なボーカリストさんも来ていたし、名だたる企業の社長や重役さんも来ていたし、目立てばみんなに名前を覚えてもらえるのです。

そのおかげで、その場で知り合った人から「うちもぜひLステップをやってみたい」「話を聞きたい」という依頼を受けたし、人脈も広がりました。

ゴルフをやりに行っているのだけど、結果として仕事にもなっているのです。

ゴルフもワインも同じで、自分の活動が全部仕事に直結する、つまり**すべての経験が自分のレベルアップにつながっていく**のです。そういうことがあるからまたがんばれます。

「知」をインプットし続ける

▼インプットを怠る弊害

多くの人がそうだと思うのですが、仕事が忙しいとどうしても**「インプット」がおろそかになりがち**です。僕もこのところ仕事で人と会って、現場にばかり出ていてインプットがないがしろになっていることに気づきました。

そうすると**見事にいろいろな部分で弊害が出てくる**のです。たとえば人と話をするとき、今の世界情勢の話とかこの先の展望とか、そういう話題についていけなくなるのです。特に最近付き合っている人はみんなすごい知的レベルの高い人たちだから、ますますギャップを感じました。

それから**インプットが足りないと、テキメンに「言語化」が下手になります。**たとえば自分のやっているLINE構築の説明も上手にできないのです。それからインプットが枯渇するとXでつぶやく言葉にもキレがなくなります。

結局、インプットが足りないと「思考力」が衰えてくるのです。

逆にインプットばかりに偏っている人もいますよね。本をよく読んでいて知識や情報は豊富にあるけど、頭でっかちになっていて行動を起こせない人。そういう人で成功している人を見たことがありません。

やっぱり成功のためにはインプットとアウトプットの両輪が必要なのだと思います。**行動ベースのアウトプット、それから知識ベースのインプットの両方をバランスよく回していく**ことが大事です。

だから最近はちょっと焦っていて、どんなに忙しくてもインプットの時間を取るようにしています。

「知の3点測量法」で知識を得る

ではどうやってインプットするかということなのですが、僕が意識しているのは

「知の3点測量法」です。

これは経済評論家の勝間和代さんが本に書かれていたことなのですが、**ひとつの情報を得るためには3つの文献を読んでそれぞれの内容を突き合わせ、自分のものとして消化していく**ということです。

たとえば「レジリエンス」(変化に適応する能力)について調べたいと思ったら、本を単に1冊読んで終わらせないで、マンガ、入門書、ちょっと専門的な本と3冊読んでみるということです。

僕はこれを横展開させて、「ひとつの情報を3つの媒体からアプローチする」ということもやっています。「レジリエンス」について知りたいなら、本で読むだけでなく、ググってみる、YouTubeで調べるという3つの媒体からリサーチして「レジリエンス」についての情報を取り入れていくのです。

言葉もそうです。たとえば「ストックオプション」とか「アジャイル」などわからない言葉があったとき、**パッとネットで調べて終わらせないで、3つの媒体からしっかり掘り下げて調べる**のです。そうすると**知識がちゃんとインストールされて自分の**

インプット、アウトプットの両方をバランスよく回していく

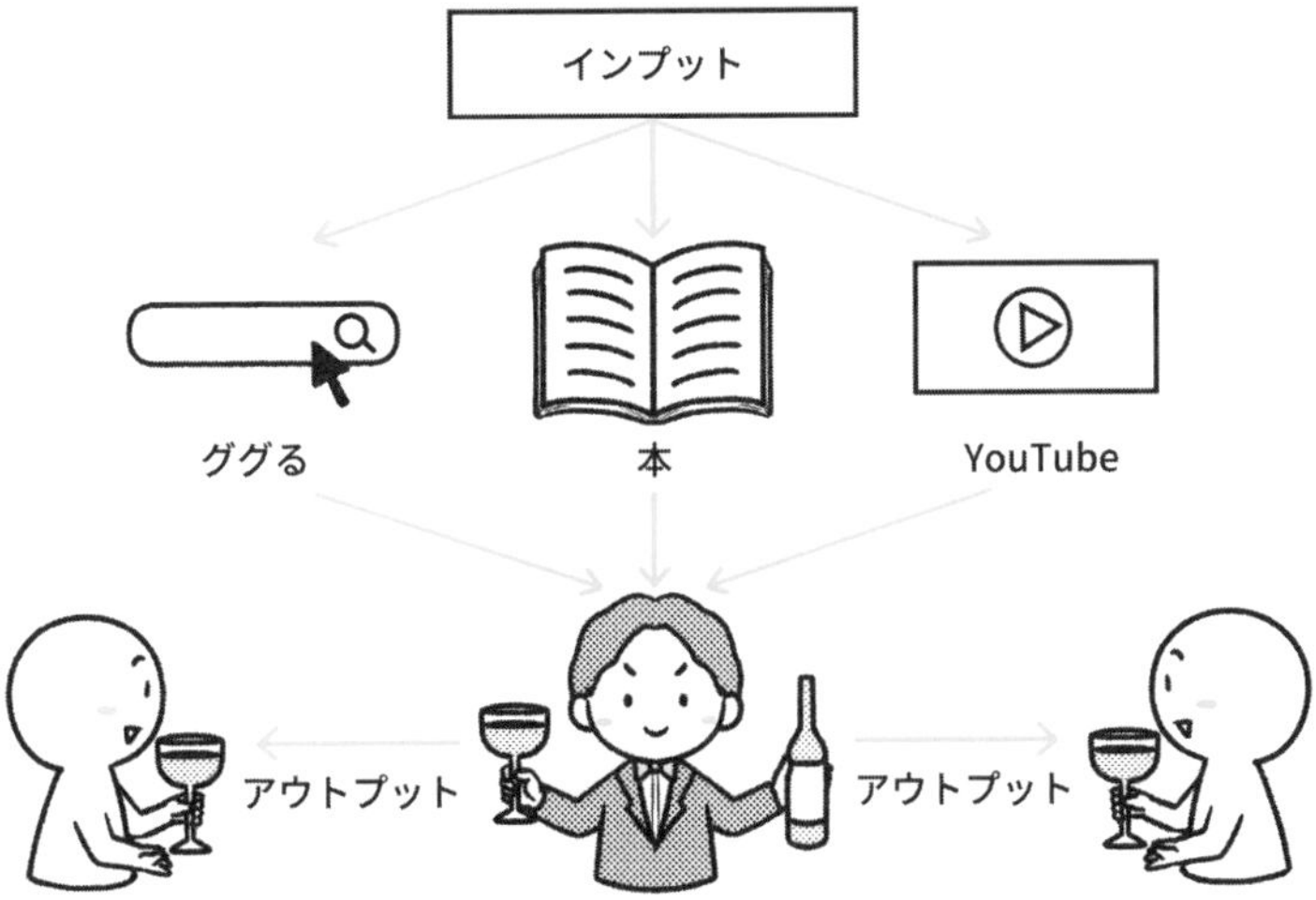

ものになって積み上がっていきます。

すべてについて応用できるものではないかもしれませんが、「ここぞ」というときはこの方法をぜひ試してみてください。

失敗 ▼ 忙しさにかまけてインプットの量が減っていた

リカバリー術 ▼ インプットをおろそかにしない。厚みのある知識を身につける

「ライティングスキル」なくしてビジネスなし

▼本を読む習慣がライティングスキルに直結する

本書の冒頭で進学校の高校に通っていたと言いましたが、友達は当然ながら優秀なやつばかり。**みんなめちゃめちゃ本を読む**んです。『竜馬がゆく』とか『三国志』とかの話が会話の中で普通に出てくるので、**読んでいないやつは話についていけないし、「本を読んでいて当たり前」みたいな圧**がありました。

僕もそれまで本を読むという習慣がなかったけど、まわりに触発されて読むようになりました。東野圭吾とか村上春樹とか、主に小説ですが、読んでみるとやっぱりおもしろいので、結構ハマりました。

本を読むようになってから何が変わったかというと、自然と書く力と国語力がついたことです。大学受験で浪人したときも、勉強をしていなかったからほかの科目は全然ダメだったのに、**国語だけは特に何もしなくてもいい成績**でした。

その後、仕事をするようになって**「書く力＝ライティングスキル」の重要性**を知りました。会社員にしても、独立して自分の事業を始めるにしても**「ライティングスキル」はビジネスの土台、根幹となるもの**です。

そして**「書く力」のある人はもれなく、本を読んでいる**ことにも気づきました。

僕も今でも**書くことがまったく苦にならないし、ある程度の書く力があったからこそ、ここまでやってくることができた**ように思います。高校のときに強制的にでも本を読む習慣を身につけられてよかったなと思います。

この時代、**「書くのが苦手」という人はかなり損をしてしまう**と思います。ネットビジネスをするからには書くことが欠かせないからです。ライティングスキルをつけるためにも本を読む習慣づけが大事だと思います。

活字を読むことの重要性

とはいえ、最近は僕も少々「活字離れ」になっていて反省しきりです。**SNSやYouTubeにマインドシェアを奪われて、本を読む時間が減ってしまっていました。**

それで「書く力」が急に低下するということはないのだけど、別の弊害が起こりました。**自分の中の知識量がテキメンに枯渇する**のです。人と話をしていても内容に深みがなくなるし、自分の書くネタもキレがなくなります。

やっぱり本、活字を読むことの力はすごいと改めて痛感しました。

同じ「読む」にしてもネットやSNSではダメです。**本を読むことでしか「読解力」「書く力」は養えない**と言っても過言ではありません。

だから僕も最近はかなりがんばって本を読んでいます。六本木の蔦屋書店の2階に、有料のシェアラウンジというのができて、お茶を飲みながらそこに置いてある本は読み放題なんです。そこに行って気になる本をランダムに選んで読んだり、今仕事で関わっている人の本を集中的に読んだり……。

ちょっとそういうことをしただけでも、全然違うのを感じます。**しゃべるときに言葉がスラスラ出てくるし、なんだか頭の回転もよくなったような気がします。**

ライティングスキルを上げるコツ

ライティングスキルを上げるためには、当然ですが、実際に**「書く」ことも大事**です。それも日記とかではなく、**書いたものを人に見てもらう機会があってこそ上達します。**

僕の場合はLステップの講座の400人のコミュニティーの中で週1回、「誠マガジン」という記事を書いています。LINE構築の今の市場について思うこととか、最近どんなことにチャレンジしているかとか、その時々で思うことを書いているのですが、結構これがおもしろいと、そこそこ評判がいいのです。

でも、もちろん記事によっては「いいね」が少なくてイマイチというときもあります。

このように自分の書いたものを見てもらって、フィードバックをもらうという練習は大事だと思います。

これは誰でもできます。別にコミュニティーを持っていなくても、ブログでもXでも何でもいいから自分の文章をみんなに見てもらって評価をもらうのです。「いいね」がたくさんついた記事は「当たり」です。そうやって小さくても**「当てる練習」をすることで、ライティングスキルは確実に上達していきます。**

失敗 ▼ 本を読まないとテキメンに知力が衰える

リカバリー術 ▼ 読むことで確実に「書く力」「話す力」がアップする

第6章

弱った「メンタル」のリカバリー術

誰でもスーパーポジティブになれる方法

▼メンタルを強くする2つの力

僕はメンタルが弱い人間です。**人の言うことを気にしちゃうし、すぐに悪いほうに考えてしまうし、基本、ものすごいネガティブ**です。

ところが僕が仲良くさせていただいているアーティストさんは自ら**「スーパーポジティブ」**を名乗るほどのポジティブ人間。僕のネガティブと彼のポジティブの差はすごいです。エクストリームすぎます。

その人と一緒にいる時間が増えたことで、僕のメンタルは大転換しました。

まずその人の近くにいてわかったのは、**単に言葉だけポジティブをうたっているわ**

けではなく、ちゃんと裏付けがあることです。

それは2つあって、まず**「準備力」**です。その人のライブにも何回か行かせてもらったのですが、準備がハンパない。歌もダンスもめちゃめちゃ練習するし、打ち合わせも何度も繰り返して確認するのです。本番でもモニターで歌詞が出るようにして、歌詞のど忘れリスクをヘッジしていました。

ライブって2時間とかで何曲も歌うじゃないですか。あれってなんで歌詞を間違えないのかなといつも不思議だったのです。でも**間違えないための対策をちゃんと講じている**のを見て感心、感動しました。

そこまで徹底的に準備するからこそ、安心して本番を迎えられるのだと思います。

それからもうひとつは**「努力」**です。ワインエキスパートの試験もその人と一緒に受けたのですが、Xとかで**「俺は絶対に受かる!」と宣言して自分を追い込む**わけです。そして**その裏で死ぬほど勉強する**のです。

その人のワインの教本を見たときは驚きました。国ごとにもうガンガン付箋が貼ってあって、本当に勉強している跡があるのです。

世間では適当なイメージもあるかもしれないけれど、**見せていないだけで本当はものすごい努力家**なのです。

徹底的に準備するからこそ、「自然と」ポジティブになれるのです。

それに比べて僕はと言うと、「俺はワインエキスパートのスクールに途中から入っているし、仕事も忙しいから、落ちてもしょうがないよね」などと予防線を張りまくって、落ちたときの言い訳をすることしか考えていませんでした。

自分はネガティブだとかメンタルが弱いとか思っていたけれど、なんのことはない、**やることをやっていないだけだった**のです。

そこからは心を入れ替えて、ワインの勉強を全力でやり込みました。

それでもやっぱり仕事をしながらの勉強は大変でした。しんどい、もうやめたいと思ったことも何度もあります。でもそんなときもその人は**「受かった先の未来」の話**をしている。それにも触発されました。

「受かったら○○をしよう」と思いながら勉強するのと、「俺には無理だ、もうやめたい」と思いながらやるのとでは呼び込む未来が違いますよね。その差は大きいのだと、彼を見ていて学びました。

失敗▼やることをやらずに単に落ち込む

リカバリー術▼徹底的に準備、努力をすることでポジティブになれる

▼凹んだらすぐに動く

これは125ページで述べたことにも関連するのですが、僕のように**凹みやすい人って、悩む時間が長い**のです。いつまでも引きずって同じことを気に病んでいます。**だとしたら、その時間を短くすればいい**わけです。そのためには「動く」ことです。

この間も、とある飲み会でクライアントさんと一緒になったときに、**ちょっと気になることを言われた**……という出来事がありました。

その人はうちでLINEの運用を始めて3カ月ぐらい経つのだけど、まだ結果が出

ていない、つまり集客がうまくいっていないというのです。

僕としては「今後伸びていくだろう」と思っていました。ただ本人はちょっと焦りというか不安感があったようで、それを飲み会の席でポロッとこぼされたのです。正面から僕を責める言い方ではなかったのですが、僕はそれを聞いてめちゃめちゃ凹んでしまって、その飲み会も全然楽しくなくなってしまい、「早く帰りたい」と思う始末でした。

家に帰ってもそれをずっと引きずって落ち込むだけでした。でもこのままモヤモヤしていたら気持ちが悪いだけだな、と思い直しました。そこで翌朝、起きてすぐにその人に連絡をして、明日にでもミーティングをしたいとボールを投げました。

そのクライアントさんもすごく喜んでくれて、**そのミーティングでかなりいい解決案を出すことができました。**

結局、**不安は行動することでしか解消できない**のです。**だったらいかに早く動くか**です。**悩んでいる時間があったら1秒でも早く行動すれば、失敗もその分早く取り戻すことができる**のです。

失敗▼悩んでいる時間が長い、いつまでも引きずって悩む

リカバリー術▼1秒でも早く動く

▼理屈ではなく直感で動く

大学受験のときの話ですが、一時期、勉強が手に付かないときがありました。「ノウハウコレクター」みたいに勉強方法ばかりに関心がいって、肝心の勉強に全然身が入らなくなってしまったのです。

かなり悩んだ僕は心理カウンセラーに相談をしに行きました。そこで言われたのは「机の上にある参考書の中からパッと直感で手に取って1ページだけやってみて」ということでした。

頭で考えるんじゃなくて、直感でふと行きたい方向、自然とやりたい方向に従ってやってみろというアドバイスでした。

それをやってみたらこれが本当に効果があって、そこからまた少しずつ勉強に集中

することができたのです。

このとき学んだのは、**頭でっかちになって選べないときは「体が自然に動くほう」を選択する**ということでした。

考えてみたらその後も、**大事な決断をするときは「体が反応するほう」を選んできた**気がします。

最初に就職した会社を辞めたとき、「公務員試験を受けてみるか」と思って勉強を始めたのですが、同時に物販ビジネスも始めていて、こちらもそこそこ売上が出始めました。

それならば公務員の試験勉強をやって、その合間にネット物販をやるという選択肢もあったはずなのに、もう「目の前の試験を放棄してでもネット物販をやりたい」という方向に体が動いてしまったのです。

結局ネット物販では大成できなかったけど、それがステップとなって今の仕事に結び付いたわけですから、あのときの選択は正解だったのだと思います。

今もこの「体が自然に動くほう」で決めることは習慣のようになっています。ＬＩＮＥ構築の案件にもいろいろあって「ちょっと気が重いな」というものもあれば、めっちゃテンションが上がるというものもあるわけです。

そこで「気が重いけど利益が大きい」「この仕事をしておけばいろいろ得だ」とか頭でごちゃごちゃ考えないで、**体が自然に動くほう、楽しいと思えるほうを選んできました。**その結果、大きな失敗をすることなくやってくることができています。

みなさんも迷ったときは「体が自然に動くほう」を選んでみてください。

メンタルを強くするより仲間を作る

「知の3点測量法」

僕はすぐに「これでいいのかな」みたいに迷うし、大事な判断をするときは誰かに背中を押してほしいのです。

だから自分の判断が正しいかどうかを常にチェックできる環境を作っています。うちでお願いしている経営コンサルタントなど、**信頼できる3人に相談**して、やっと前に踏み出すことができます。

これも137ページで述べた**「知の3点測量法」の横展開**です。

僕は凡人でしかなくて、今活躍しているインフルエンサーのように自分で決めて進んでいけるタイプではありません。彼らはメンターも必要ないし、コンサルもいらないのだと思います。

僕はそうじゃなくて、判断に迷ったときは「俺はこう考えるけど、どう思う？」と人に聞いて確認してやっと前に進めるのです。そのためにも**「背中を押してくれる存在」を見つけておくことが大事**だと思います。

▼被害妄想で機会損失を起こさない

2023年のことですが、**芸人で絵本作家の西野亮廣さんのLINE構築をやらせていただく**ことになり、話を進めていました。

僕は西野さんのことを前から大尊敬していましたから、西野さんと一緒に仕事をさせていただけるなんて大感激でした。

ところが、ある時期からLINEが途切れて、話が途中で止まってしまったのです。期待していただけに僕の落ち込みようはかなりのものでした。

「うちのプレゼンが悪かったんじゃないか」

「西野さんはやる気がなくなっちゃったのかもしれない」

と一人で悶々《もんもん》としていました。

ところが、その後、この案件を一緒にやってくれていたメンバーの女性が、フットサルのイベントで西野さんに会う機会があり、「LINE構築の件はどうなりましたか？」と西野さんに直接聞いてくれたのです。

そしたら西野さんは「え？」みたいな顔をして、「進んでないの？」「むしろ早くやってよ」という反応だったというのです。

単なる行き違いでLINEの会話が止まっていただけなのに、こちらが勝手に「もうあの話はポシャった」と思い違いをしていたのでした。

LINEが途切れたのなら「あの件はどうなりましたか？」と「追いLINE」すればいい話です。ところが**僕は被害妄想が強いから「もううちとはやりたくないのだろう。ここでLINEをしたら悪い」と思い込んでしまって、行動できないの**です。

でもこういうときも**やっぱり助けてくれるのは仲間**です。おかげさまで案件を続けることができました。その後、**西野さんとは対談もさせてもらって、それがタクシーの動画広告にもなりました。**見てくださった方もいらっしゃるのではないでしょうか。

あのときメンバーが拾い上げてくれなかったら、と思うと冷や汗が出てきます。**僕**

のようにネガティブな思い込みをしてしまいがちなタイプは特に、「勝手な妄想で機会損失を起こさない」ことを肝に銘じておく必要があります。

もちろん思い込みではなく、本当にしくじっている場合もあるかもしれません(笑)。でもそんなときこそ「知の3点測量法」で確認をしつつ、前に進んでいけばいいと思います。

悩むならまず相談

それから僕のようにメンタル弱めのタイプは、**人に相談するにしてもなるべく早い段階で行う**ことも大事だと思っています。

僕の一番苦手なのは「お金」の話です。**経営者としてお金の話が苦手というのでは困るのだけど、本当に苦手**です。

たとえば案件をメンバーに振るとき、「このぐらいのギャランティでどうですか?」と伝えるだけでも「こんな額では悪いかな?」とドキドキしてしまうのです。

クライアントから仕事を取ってきてメンバーに振るという作業は、「仲介業」みたいなところがあり、時としてお金の面で板挟みになることもあります。クライアントはこのぐらいしか出せない、でもメンバーはこのぐらい欲しいと言っている。その金額が合わないとき、僕は**「じゃあうちの分はナシでいいです」**みたいなことを言ってしまいがちです。

だから会社の人件費が異常に高くて利益率が異常に低い(笑)。「意外と手元にお金がないぞ現象」が起こるのも、こうした僕の性格が大いに関係しています。

そんなとき「ちゃんと自社の取り分を確保しておきなさい」と助言してくれる人はありがたい存在です。

それからちょっと気になることがあって「俺がいけなかったのかな」と不安になるときも、相談した人に「それは誠さんは悪くないよ」とか言ってもらうだけでも安心できるものです。

メンタルが弱くても結果的に立ち直っているのは、そういった相談相手がたくさんいるからだと思っています。

優秀な人や天才肌の人ほど、人に相談するのが苦手だったりします。また人に相談するのがカッコ悪いと思ってしまう人もいるかもしれません。

でも**早い段階で信頼できる人に相談することで解決策を講じることができる**ものです。
この相談だったらこの人、この相談だったらあの人というふうに頼れる人がいると
いいと思います。

そのためにも**日ごろから「うまくいっている人」でまわりを固めておく**ことが大事
だと思います。

うまくいっている人に相談すると必ずやプラスのヒントがもらえるし、そういう人と一緒にいたり、話をしたりするだけで、思考や行動が引っ張られて、自分も自然にうまくいく方向にシフトしていける気がします。

失敗 ▼ 自分一人だけで悩んでしまう

リカバリー術 ▼ 早い段階でその道のプロやうまくいっている人に相談する

人に悪く言われても気にならなくなる方法

▼アンチがいるのはいい状態

僕は**基本的に攻撃に弱いタイプ**です。人から攻撃を受けたときにそれを上手に受け流すことができません。

たとえば大学受験で浪人をしていたとき、こういうことがありました。高校時代にまったく勉強をしていなかった僕ですが、予備校でいい先生と出会うことができ、いい感じに成績を上げていくことができたのです。やればやるほど結果が出ることの楽しさを知りました。

ところがせっかく順調に成績を伸ばしているのに足を引っ張る友達がいるわけです。「お前その勉強方法、間違ってるぞ」「そんなんじゃ受からないぞ」みたいなことを言ってきて、**それに素直に反応して落ち込んでしまう**のです。

別に彼が僕より成績がいいわけでも何でもないし、そもそもそんなことを言うやつは友達じゃないですよね。だからスルーすればいいのにそれができない。

今でもその傾向があります。

たとえば「最近のＬＩＮＥ構築者はザコばっかり」みたいなポストがあったりすると、それだけで落ち込んでしまうのです。ディスられているのは「ＬＩＮＥ構築者一般」であって僕を特定しているわけでも何でもないのに、「ＬＩＮＥ構築者を育てている自分」が非難を受けているように思って凹んで上手に受け流せないのです。一時期は本当に結構病んでいたときもありました。

ところがこれも西野亮廣さんから学んだことなのですが、**西野さんはアンチに対して一切やり返さない、相手にしないと決めている**のだそうです。

「アンチがいるのはいい状態」なのだそうで、アンチはたくさんの人に注目された結果だというのが西野さんの発想なのです。

それを聞いて僕もアンチにやり返さなかったからこそ、**今日までノートラブルで**

やってくることができたのかなと思います。

▼クレーマーに合わせて行動しない

これも仲のいいアーティストさんの話です。

たとえば飲食店とかでもそうですが、あとから「今日はおいしかったです」とわざわざ電話してくる人はいないですよね。でもクレーマーやアンチは怒ってすぐに電話をしてきたり、ＳＮＳに悪口を書き込んだりします。

だからといってそんなことを気にしていてもまったく生産性がない、と言うのです。

「そんなクレーマーやアンチに合わせて好きなことをやめたり、文句を言われないようにしたり角が立たないようにしたりしても、いい作品やパフォーマンスはできない。だったら心から応援してくれる人が喜んでくれることだけを考えて、アンチはスルーするのが心を保つには一番」というのが彼の発想なのです。

さらに、**「アンチは自分の活動を見てくれていて、悪口を書き込んでいる間は自分のことを考えてくれていると思えば、それさえありがたくなってくる」**と言うのです。

1人のクレーマーの後ろには99人の自分を応援してくれる人がいる

すごい考え方ですよね。

僕はネットで一人にディスられて凹んでいるけれど、その一人のために行動を止めるなんてナンセンスでしかない。

一人のクレーマーの後ろには99人の自分を応援してくれる人がいるのです。だったらその人たちのためにがんばったほうがはるかにいいですよね。

そこから少しずつ思考回路が変わっていきました。SNSを見て凹むヒマがあったら仕事をしたり勉強したり、自分の身になることをやろうと思うようになりました。

SNSだけではありません。

世の中にはいろいろなことを言う人がいます。会社でも陰で悪口を言ったり、ビジネスがうまくいっている人を叩いたり……。**そういうことを気にして落ち込んで自分の成長を止めたら、その人たちの思うつぼ**です。**大切な時間は自分のために使うべき**です。

▼「いつもSNSにいる人」はヒマな人

ワインエキスパートの資格を取ったとき、時間の大切さに気づいて、仕事をめっちゃ詰め込んで効率を上げた話をしました。

ミーティングを30分単位で入れまくって、展示会にガンガン出展して……と息つく間もなく働いていると、**SNSを見るヒマもなくなってくる**ことに気づきました。

そうなるとSNSで誰かが自分のことを悪く言っているとか、誰かと誰かがマウントを取り合っているとか、もうどうでもよくなってしまいました（笑）。

結局、**「結果」がモノを言う**のです。**SNSだって一番成果を出した人が「神」**なんです。そしたら**成果を出すことだけにコミットしていけばいい**。そのためにすべきことは自分の足を動かしまくって売上を立てることです。SNSでワーワー言い合っていたって、1円の売上にもならないのですから。

結果を出していけば、SNSの場でも自然と評判が上がっていくし、人から何か言われても気にならなくなってきます。

そもそも**SNSを見ているときというのは「ヒマ」**なんです。SNSを見て落ち込んでいた僕は単にヒマだったんだな、と今はあきれています。SNSを見る時間って結局サボっている時間だったのです。

そんなヒマがあったら仕事をしたほうがよっぽどいいです。

失敗 ▼ 人に言われたことを気にしすぎて凹む

リカバリー術 ▼ そんなことを気にするヒマもないほど忙しく生きる

▼ 人生は調子のいいときばかりとは限らない

人生は波みたいなもので、ガーッと上がるときもあれば、落ちる時期もあります。

僕も2022年ごろは、セミナーの告知をすると余裕で1000人ぐらい集まったり、メディアにも取り上げられたりするなど、ちょっと**スーパーマリオのスター状態**みたいになっていた時期がありました。

でもそんな**スター状態は誰しもずっとは続かない**ものです。

僕も「スター」から素の状態に戻ったときに「あれ？　俺ってオワコン？」と不安になったり、落ち込んだりしていました。

それでも落ち着いて客観的に自分の状況を見てみると、事業は着実に伸びているし、1000人は来なくても、セミナーをやればそれなりに人は集まってくれるのです。

落ちたことを「点」で気にするのではなくて、自分がゼロから積み上げてきたものを「線」で見てみれば、そこにこそ価値があるとわかります。

それを考えると、**いいとき、売れたときに調子に乗りすぎないことが大事**だとつくづく思います。**常に謙虚な気持ちで淡々と業務をこなすことが重要**です。

弱者には「弱者の戦略」がある

▼「中村誠＝Lステップの社長」という「錯覚資産」

最近気づいたことですが、**僕は世間から「Lステップの社長」と勘違いされているのです。**

Lステップは僕の師匠でもあるマーケターの田窪洋士さんが開発し、田窪さんの会社・株式会社Maneql（マネクル）がサービスの提供をしています。だから「Lステップの社長」というなら田窪さんです。

僕はたくさんあるLステップの正規代理店のひとつとして、Lステップの使い方を教えたり、コンサルしたり、あるいは運用を代行したりしているにすぎません。

ただ、僕は田窪さんのところでマーケター修業をさせてもらった一番弟子でもあり、

Ｍａｎｅｑｌと資本提携をしているし、また僕自身がＳＮＳで少々名前が通っているということで、**Ｌステップのアンバサダー的なポジション**になっているわけです。

これって考えてみればかなりおいしい話です。言ってみれば**「錯覚資産」**なわけです。「本人にとって都合のいい、周囲の勘違い」とでもいいましょうか。

営業に行くときなど「Ｌステップの社長」と思われることで、いちいち説明しなくて済むから、話が早いのです。もちろんあとからちゃんと説明しますが、そのあたりはクライアントにはあまり関係のないことでもあります。

いずれにしても、最初の段階で「Ｌステップの中村誠」と認識してもらっていることで案件や交渉事がスムーズに成立します。

人の影響力に乗っていく

「錯覚資産」もいい面ばかりでなく、デメリットもあるのですが、最近はＳＮＳマーケティングの世界でもこの「錯覚資産」の活用を鉄板で教えています。つまり**「人の影響力に乗っかって自分のブランディングを伸ばしていく」**という手法です。

僕の場合はたまたまＬステップというキーワードで僕の名前が一発で紐付くように、ブランド確立ができました。

そしてＬステップの提供会社であるＭａｎｅｑｌ、田窪さんにとっても、僕が表に出ることがデメリットになっていないわけです。

田窪さんにとっては、Ｌステップというツールが認知されることが目的であって、僕が前に出ていくのを応援してくれているので、**上手に棲み分けができている**感じです。

▼弱者でも影響力を持つことができる

この**「錯覚資産」の活用は、「弱者の戦略」としてものすごく有効**だと思っています。

僕は田窪さんのところでマーケター修業をさせてもらう前は、最高５００万円の借金を負った八方ふさがりの物販業、その前はブラック企業のポンコツ社員でした。

そんな僕が**「Ｌステップの社長」という「錯覚資産」を活用することで、事業を拡**

大することができたのです。

その後も、やまもとりゅうけんさん率いる日本最大級のオンラインサロン「人生逃げ切りサロン」において「Lステップの講座（ワンダフルステップ）」を開講することで、さらに事業を伸ばし、結果として年商3億円までこぎつけることができました。

これも、やまもとりゅうけんさんの持つ影響力を借りた結果です。

「誠さんは影響力があるから」「先行者利益で儲かっているんでしょう」みたいに言われることもあるのだけど、そこは違います。**影響力のある人の案件で結果を出したからこそ次につながって、今がある**のです。

失敗 ▼ 自分一人で戦い、影響力が持てないまま過ごす

リカバリー術 ▼「錯覚資産」の活用で事業を拡大

▼「錯覚資産」を活用するためには

では「錯覚資産」はどのように手に入れればいいのでしょうか。

キーワードは「GIVE」だと思います。

影響力の大きい人、コミュニティーを持っている人、自分にとってキーパーソンとなりうる人の仕事をさせてもらう機会に恵まれたら、まずそこで全力でその仕事を完成させて、その人の力になる＝GIVEします。

そこでうまくいけば、その人が自分のコミュニティーで紹介してくれてまた仕事が広がっていく……という循環を生み出すのです。

僕の場合も**田窪さんに対してGIVEの精神でやってきました。**Lステップの宣伝をがんばって3年間し続けて、世に広めてきたという自負が多少なりともあるし、お世話になった分のほんの何分の1かに過ぎないけれど、仕事で貢献してきたつもりもあります。

GIVEの結果として、「Lステップの社長」と思われたり、「Lステップなら中村

GIVEして結果を出すことで仕事が広がる

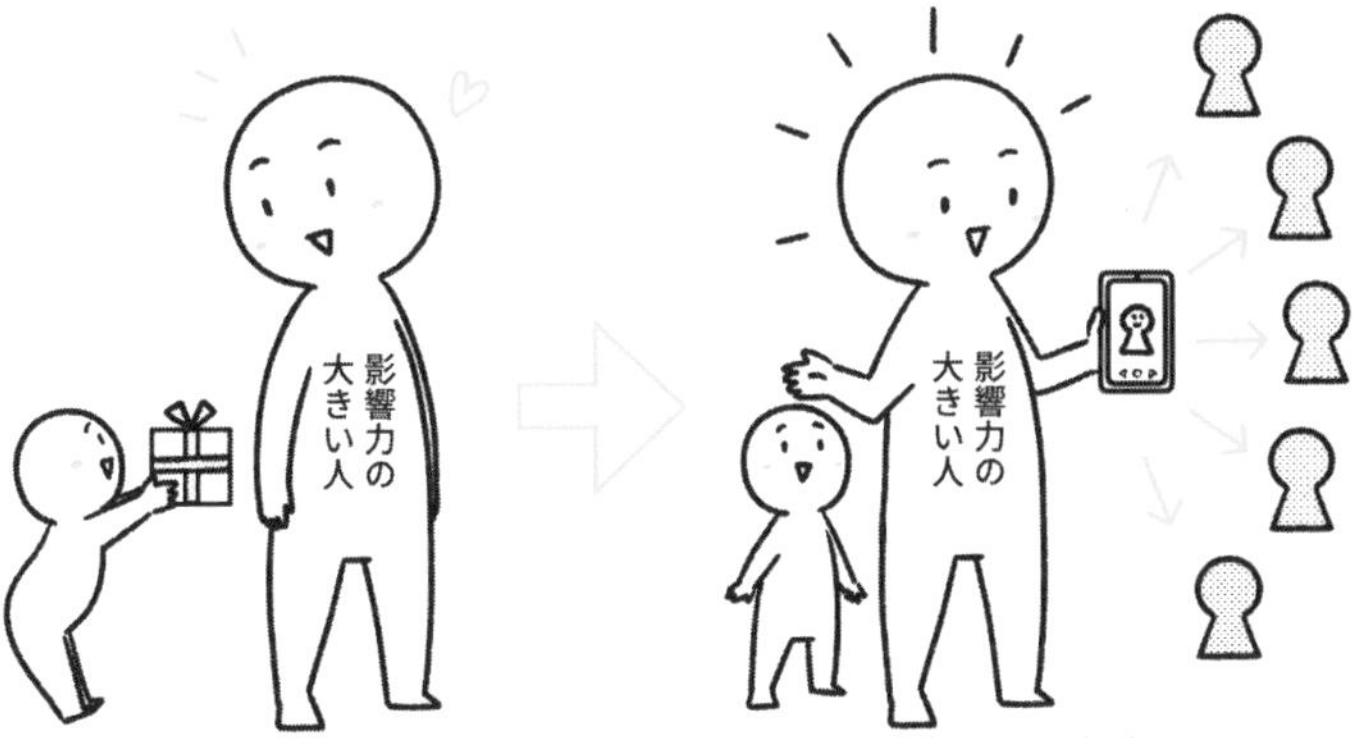

影響力のある人にGIVEする　　自分のことを一気に拡散してくれる

誠」と世間に思ってもらえたりするようになったわけです。

全力でＧＩＶＥして結果を出すことで、仕事を広げていく。

これを続けることが事業のスケール化の最大の秘訣です。僕は今も**この戦略をやり続けています。**

「失敗のまま終わらせない」ための思考法

▼点を取られたら取り返す

僕も含めてネガティブ思考の人は、ひとつ失敗しただけでそこに引っかかって「もうダメだ」「終わった」とか思ってしまうことがありますよね。

でも**大局的に考えてみれば失敗して10点取られても、その後、20点取り返したら勝ち**なんです。

勝つためにはミスをなくして失点を減らすことも大事だけど、失点したとしても、それ以上に点を取っていけば最後は勝てるのです。

点を取られたら取り返すという考え方です。

僕がクレーマーたちと仲良くなってしまった話をしましたが、これも失点をしながらも点を取り返した結果といってもいいと思います。

最初、仕事を受注したときは、うちのチームがその人の望む結果を出せずに怒られたり、ネットに書かれたりしてしまったけれど、**あきらめずにがんばって最後はいいものを仕上げたり、その人の売上が上がるまで改善にずっと付き合ったりして、結果を出していきました。本来2カ月で終わる話だったのが11カ月もかかった**こともありました。

僕が関わっていないところでもめにもめて、**正直言って「これは取り返しがつかないぞ」と思ったこともありました。でも誠心誠意対応していたら最後はなんとかなる**ものです。

そうやって取られた点を取り返していくうちに、最後はクレーマーたちとも「仲良し」になってしまって、今もみなさんと付き合いがあります。

点を取られたら取り返せばいいのです。

リスクを恐れずに突き進むしかないとき

失敗はしないほうがいいのだけど、事業を成長させていくときは、**失敗覚悟で突破しないといけないときもある**ものです。

すでに述べたように、うちの会社は主にＬＩＮＥ構築代行と、ＬＩＮＥ構築・運用などの講座を運営しています。

この講座は受講料が88万円です。それなりの高額ではあるのですが、すぐに実践で使えるハイレベルの技術を教えるとともに、「現場体験」ができることがウリです。

ところが**受講生が４００人を超えると全員に案件を振るのが難しい状況に陥りました。**最初はそれほど多くなかったから、なんなく全員に振れていたのだけど、人数が多くなるとそこまで案件を用意できないという事態に直面しました。

でもやっぱり現場を経験しないとみんな伸びない。つまり、なかなか成果が出ないのです。

そこで悩んで、「生徒さんも自ら案件を獲得しましょう」ということで、セミナーを開催したこともあります。でも僕の「案件獲得」のノウハウは再現性がないし、教えたとしても「自分は営業はやりたくない」「そういうことは苦手」という人もいますよね。

それだったらもう**僕が全員分の案件を取ってくると覚悟を決めました。**「俺がみんなの案件を取ってくるから」と言ってしまって、後戻りのできない状況を作りました。

そうやって失敗やリスクを恐れずに退路を断ってがむしゃらにやりまくると、ものすごく自分が成長するのを感じます。

結果的に今は案件がバンバン取れているし、全員に仕事を振ることができています。今後もっと受講生が増えたときにはまた考え直すけれど、今はやれるところまでやろうと思っています。

大学を卒業して入ったアパレル会社を辞めるかどうしようか迷っていたとき、店長に**「人には『やるしかない』というときが人生のどこかであるんだ」**と言われ、その言葉に後押しされて辞める踏ん切りがついたことがあります。

本当にやるべきときは失敗を恐れず、退路を断ってでも行動する必要があるのだと思います。

失敗▼失敗やリスクを恐れて行動しない

リカバリー術▼やるべきときは退路を断ってでも行動する

▼できないことはいったん脇に置いておく

中学時代にソフトテニス部の「理念を語れない」キャプテンだった話をしましたが、プレイヤーとしてもポンコツでした。

勉強そっちのけでめちゃめちゃ一生懸命打ち込んだのに、試合になるとプレッシャーで全然勝てないのです。

練習では強いので「練習マスター」と呼ばれる始末。**自分は本番に弱い**のだとあきらめきっていました。

ところが、なんということでしょう。大学ではテニスではなくバドミントンを始めたのですが、バドミントンなら試合に出ても全然勝てるのです。

結局、試合に弱いのはテニスだけだったのです。もしかしたら時間の経過とともに本番に強くなったのかもしれないし、バドミントンという競技のせいなのかもしれません。

いずれにしても**「本番に弱い」というのは思い込みに過ぎなかった**のです。このとき**「できないことを無理やり克服するのではなく、いったん脇に置いておく」**ことを学びました。

この「いったん脇に置く作戦」でいい結果になった経験はほかにもあります。

これも大学入試の話になってしまうのですが、僕は世界史が死ぬほど苦手でした。勉強するんだけど、ちっとも頭に入ってこないのです。やればやるほど気持ちが落ちて、そうなるとほかのすべての教科がうまくいかないような気がして「俺はもうダメだ」と果てしなく落ち込んでいってしまうのです。

それで思い切って「世界史はもうギリギリまで見ない」と決めてしまって、他の教科を固めることにしました。センター試験（当時）まであと1週間、国語も完璧、数学も完璧……という状態になって最後に世界史をもう一度やってみました。

するとそのときはもう自分の中で勉強法が確立されていたこともあって、ビックリするほど頭に入ってきたのです。1週間、世界史をやり続けました。

そうしたらセンター試験の中で、結局**世界史が一番いい点が取れた**のです。自分でも驚きました。


テニスも世界史もそうだけど、そのときはダメだ、苦手だと思っていても、**先に進んでみると自分が成長していたり、別の解決法が見つかったりして、克服できることがある**ものです。

だからハマった沼の中で必死にもがいて進むのではなく、いったん脇に置いておく勇気を持つことも大事だと思います。

第7章

「人生」のリカバリー術

人生をやり直すためには「武器」がいる

武器を持てば自信がつく

僕が失敗したり転んだりしても、その都度やり直すことができたのは、**自分なりの武器があったから**だと思っています。

それは大きく2つあって、**ワイン**と**話す力**です。

すでに述べた通り、ワインエキスパートの資格を取ってからというもの、人脈が驚くほど広がって、それが仕事に直結しました。**ワインを通して得られる人脈は本当に想像以上**でした。

ワインエキスパートの資格を取ったのはたまたまだったけど、ワインってビジネスと親和性があるのです。経営者は本当にみんなワインが好きだからです。経営者が集まるワインを飲む会ってめちゃめちゃ多いです。そういう場に行くだけでビジネスのヒントが聞けたり、いろんな人を紹介してもらったりできます。

お笑い芸人・髭男爵の「ひぐち君」もワインエキスパートの資格を持っているのですが、それによってかなり仕事が広がっているようです。

ワインは確実に仕事の武器になると思います。

もちろんワインでなくてもOKです。先に述べたゴルフでもいいし、そのほかのスポーツ、趣味でもいいと思います。得意なものがあれば、そこを突破口に人脈を広げていくことができます。

▼話す力は武器になる

前述したことですが、**どんなビジネスをするにしても「話す力」は超重要**です。成功したいなら「話す力」をつけることはマストだと思っています。

僕もここまでやってこられたのは、話す力をつけたことが大きく影響していると思っています。

ＬＩＮＥ自体の強さ、Ｌステップのコンテンツの強さはもちろんあるのだけど、その魅力を上手に伝えていく必要があります。そのためにはセミナーなどでのトークはとても重要です。それがあったからこそ、事業を伸ばすことができました。

人前でしゃべるのが苦手という人は多いのですが、**練習すれば誰でも上達します。**

僕は中学2年のときに生徒会に半強制的に立候補させられて、全校生徒の前で演説をしなければいけなくなり、足がガクガク手がブルブルで、みんなに笑われて終わったという苦い思い出があります。

それ以来、人前で話すのが大の苦手になってしまい、そういう機会があっても逃げ回ってきました。そんなひどいコンプレックスも67ページで述べた**「3カ月集中特訓」によって、克服することができました。**

ＹｏｕＴｕｂｅはかなりおすすめです。仕事のプラスにもなるので、ぜひチャンネルを開設して動画をアップしてみてください。

「話す」という武器ひとつを得るために一定期間がんばっておけば、人生の残りの時間は全部、その武器を持った状態で戦うことができるのです。これはとても有益なことです。

人生はいつからでもやり直せる！

就活で40社落ちたという経験

前述の通り、僕は**就活のときに40社に連続落ち**した経験があります。

国立大学ということもあって、友達は一流企業に早い段階でバンバン決まっていっていました。銀行とか地元の有力企業とか。僕もそういうところは一通り全部受けたけど、軒並み落ちました。

落ち続けた理由は、話す力がなくて面接が全然ダメだったことも大きいのだろうけど、**決定的な理由は僕が企業の求める人材ではなかった**ことだと思います。

僕は今、マーケターとして、いろんな業種に関わって見識を広げ、自分の意思でビジネスを作って、自分が勉強すればするほどお金につながるような仕事をしています。

収入も、この仕事は青天井です。

これは結果的にこうなったということではなく、「こういう自分になりたい」という志向があって、少しずつ実現していったことです。


そしてこの志向は大学生のときから持っていたものです。だから面接のときも**「自己成長をしていきたい」**みたいなことを滔々《とうとう》と述べていました。

でも会社側からすれば、そういう人間は「扱いづらい」のです。就職を自己成長の一環ととらえている人間は、いつ会社を辞めて独立しちゃうかわからないからです。

それより「お客様のために働きたい」「地方を活性化したい」みたいなことを言う人間のほうが採用されやすいですよね。

当たり前のことなのかもしれないけど、これは自分が経営側に立って初めてわかりました。

とはいえ、人間誰しも本音と建前があるもので、その辺をうまくカムフラージュして上手に言えばよかったのかもしれません。

もしかしたら他のみんなはそれができていたのかもしれないけれど、僕はそういう

そのときは「失敗」にしか思えなかったことも、
後から考えたら本当は成功だったということもある

ことができない人間でした。

「失敗」と思っていたことが「成功」に変わる

今思うのは、**仮に当時受けた企業に受かったとしても、きっと毎日モヤモヤしていた**ことでしょう。

当時は僕を落とした会社にいいイメージを持てなかったけど、今思えば採用担当の人は**「こいつはうちに来ても合わないだろう」と僕のためにはじいてくれた**のかもしれません。

僕は縛られない生き方をしたかったし、僕が行きたい道は会社員ではなく、**独立して自分で事業を行うという道**だったのです。

その後やっと就職できた会社はブラック企業だったこともあって、結局2年間しか続けることができませんでした。それも当然だったのです。

そのときは「失敗」にしか思えなかったことも、後から考えたら本当は成功だったということもあるのだなと今は思います。

失敗
▼
就活で落ちまくり、
会社員生活もたった2年で脱落

リカバリー術
▼
失敗だと思っていたことが
結果的に成功に結び付く

人生は3勝9敗でいい

ポンコツフリーランサーだったM君の復活劇

これは本人の了解を得て話しますが、うちのメンバーにM君という人がいます。彼はうちの講座でLステップを学び、フリーランサーとして案件に関わるようになりました。

ところがこの彼が本当にありえない仕事をするのです。言ったことが伝わっていないとか、書いたコピーが全然ダメとか。マジメではあるのだけれど、あまり全体像をわかっていない感じで、ちょっと仕事を任せられないのです。

うちの仕事以外にも、自分で案件を獲得してくることもあるのですが、結局全部ポシャらせてしまう始末。業界で**「ポンコツ認定」**されてしまい、「あいつはNGだから」みたいな扱いになっていました。

当然彼には仕事が来ません。うちのメンバーがみんな忙しく、ガンガン仕事をして稼いでいる中、彼は**家で一人、スーパーの総菜を食べながら涙をこぼしていた**といいます。

僕もなんとか彼に案件を回したかったのだけど、1回そういう評判が出回ってしまうと、「彼とはちょっとやりたくない」という人も多くてなかなか難しいのです。

でもあるとき、「クライアントからの問い合わせに対応する」という仕事を彼にやってもらうことを思いつきました。契約の期間が終了しても、クライアントから細かい設定などを聞かれることが結構あるのですが、僕ではなかなか手が回らない部分でした。それを彼に一括して請け負ってもらったのです。

「案件をガッツリこなす」という仕事ではなく、言ってしまえば雑務に近い仕事ではあったけれど、彼はここで**腐ることなく、その仕事に誠心誠意取り組んだ**のです。

するとクライアントのインフルエンサーたちから、**「Mさんはいつも即レスしてくれて、どんなことでも無償で一生懸命働いてくれる」**という信頼を得始めたのです。

そしてついにある大物インフルエンサーさんから、**「うちのLINE構築はMさんにお願いしたい」という発注があった**のです。

あまりお金にならない小さな仕事であっても「GIVEの精神」で価値提供をしていくことで、大きな信頼を得て、最後は大きな仕事をつかんだのです。

「クライアントから学ぶ」すごい戦略

そして彼のすごかったところはそれだけではありません。

インフルエンサーの仕事をする中で、**その人たちのマーケティングのノウハウをどんどん吸収し始めた**のです。

「細かい設定」みたいな仕事から入りながら、インフルエンサーのマーケティングの全容を把握して、**いつの間にかマーケターとして大きな進化を遂げていた**のです。

やみくもに惰性で案件をやるのではなく、「クライアントから学ぶ」という姿勢はすごく大事です。**お金をいただいて仕事をさせてもらいながら、その人のマーケティング、経営ノウハウや考え方をどんどん吸収していくことで自分の付加価値に変えていく**のです。これは僕自身もずっとやってきたことです。

一人で泣きながらスーパーの総菜を食べていた頃は遠い昔、**彼は今、月収150万円以上を稼いで大成功しています。**

人生は3勝9敗でいい

もうひとつ、彼が巻き返すことができたのは、**「あきらめなかったから」**です。あきらめずに続けたことで小さなチャンスをつかみ、それを確実にものにしたのです。「ポンコツ認定」されたときにあきらめていたら、小さなチャンスさえ転がり込んでくることはなかったのです。

だから**人生は3勝9敗でいい**んだと思います。どんなに失敗してもやり続ければ最後は勝てるのです。

もうひとつ、彼がチャンスをものにできた理由は**「GIVEの精神」**です。**クライアントに対してGIVEの精神で、一生懸命向き合った。それが相手に通じたからこそ、「Mさんにやってもらいたい」と指名をもらうまでになった**のです。

人生逆転できたのはM君ばかりではありません。先日もやっぱりLINE構築のフリーランサーから連絡が来て「誠さんにお礼が言いたい」と言われました。彼も1年前は全然仕事ができなくて、みんなからうとまれて、うちの仕事からはだんだん遠ざかっていってしまった人でした。

でも今は一人で案件をしっかり取って、自分で全部を回しているというのです。「誠さんに教えてもらったから今がある」と彼は言うけれど、これも**彼自身があきらめずにやった結果でしかありません。**

人生は失敗して、信用を失うこともあります。でもあきらめずに、**できることからひとつずつ信用を取り戻していけば、いつかは逆転できます。**

失敗 ▼ 失敗して信用を失う

リカバリー術 ▼ あきらめずGIVEの精神でひとつひとつ信用を勝ち取る

**ポンコツ認定されても、
ひとつずつ信用を取り戻していけば逆転できる**

▼シニア層にも強みはある

これは「失敗」ということではないのですが、**人生の再スタートを切る**という意味で話をさせていただきたいことがあります。

最近、**50代、60代でLステップを学んで、ガンガン稼ぐ人が増えてきています。70代という方もいらっしゃいます。**

こうしたシニア層には大きく分けて2つのパターンがあります。

ひとつは仕事を**定年退職、あるいは早期退職して時間の余裕ができ、新しいスキルを身につけて、第二の人生をスタートさせたい**という人たちです。

もうひとつはもともとシステム開発やWEB制作など、フリーランスで仕事をしてきて、**新しいLステップというツールを自分のスキルに付加したいと考える人たち**です。

こうしたシニア層の方の働きぶりを見ていると、若い人との仕事ぶりの違いをすごく感じます。

若い人はいい意味で勢いがあります。山道をガーッと駆け上がるみたいなイメージです。しかし一方で、勢いがありすぎて事故も起こるわけです。スキルが十分身についていないのに「できます！　やります！」と言って仕事を受けてしまうなど。

シニア層はその点、**すごく丁寧に慎重に仕事をされる方が多い**です。**「私はもうトシなので」などと謙遜をされながら、バッチバチのすごい資料を作ってきたり……**。

みなさん安定感、信頼感がすごいのです。

新しく始めたLINE構築の仕事に、今までのキャリア、人生経験が生きているのです。

そういう方を見るにつけ、**人生は何歳からでもリスタートできる**のだなと心強く思います。

失敗を乗り越えた先にかなう夢

本書も最後になりました。

何度も滑ったり転んだり、数限りない失敗を繰り返してきて、なんなら今も失敗中の僕ですが、それでも自分の今の状況を見渡してみると、なんだかんだ言いながら夢をかなえることができているのです。

本文にも書きましたが、僕は学生時代から漠然とではありますが、組織に縛られるのではなく、自分の学んだこと、自分のやりたいことが仕事につながる、そんな生き方をしたいと考えていました。

それが結果的に実現していて、その仕事で年商3億円を上げることができるようになりました。**学生時代の夢がちゃんとかなっている**のです。

個人としてそれなりの影響力もついて、SNSで名前が知られたり、タクシーの動画広告に顔が出たりするようになりました。もちろん本を出せたことも大きな成果のひとつです。

就活のときにはあらゆる企業に落ちたけれど、今は日本を代表する超一流企業から「LINE構築を取り入れたい」という相談がたくさん来ています。


最初に就職した会社がブラック企業で怒鳴られまくる日々を送った結果、心を病んで退職を余儀なくされた僕ですが、職を失ったとき、心の支えになってくれたのが「本」でした。


思考トレーニングの7つのフレームワークとか、論理パズルとか、フォトリーディングとか、マインドマップとか、手あたり次第に読んでいました。

その中でも**特に印象に残っているのが経営コンサルタント・作家の神田昌典さんの本**です。やっぱり天才マーケター、天才コンサルタントだから、どの本も内容が濃いし、感動するものばかりでした。

実はその神田さんの案件を今、やらせていただくことになって、何度もミーティングをさせていただいています。

あのとき読んでいた本の憧れの著者と直接対面させていただく日が来るなんて、夢にも思わなかったことで、感動でしかありません。

憧れと言えば、昔テレビで見ていた憧れのアーティストさんと今、友達になれて、一緒に遊んだり、週3とかでご飯を食べに行く仲になれたりというのも、僕がかなえることができた夢のひとつです。

この仕事を始めて5年以上経ちますが、年商3億円を売り上げて、うちのメンバーに案件を振ってしっかり稼いでもらって、そこそこの基盤ができてきました。

そうなると「稼ぐ」というフェーズから、自分が本当にやりたいこと、夢をかなえるという、一段階高いフェーズに入ってきたのです。

僕は誰よりも失敗して、誰よりも凹んできた人間です。

でも失敗から逃げずにひとつひとつ向き合って自己成長した結果として、夢をかなえた今があるわけです。そう考えると不思議なもので失敗に感謝の気持ちが湧いてきます。

失敗はそのままにしておけば、ただの失敗です。でも**失敗を活かせば人生の宝**です。

僕は今後も失敗を恐れることなく前に進んでいくつもりです。

本書を読んでくださったみなさんが明日の成功を手に入れることを心から願っています。

中村 誠

中村 誠（なかむら まこと）

株式会社REXLI代表取締役社長。名古屋大学経済学部卒。LINE公式アカウントの機能に付加価値をもたらす「Lステップ」を活用したビジネスプロデュースの第一人者。大学卒業後、ブラック企業に就職するも激務の末、心を病み、たった2年で会社員生活から脱落。その後、ネット物販を始めるも多額の借金を背負う。そのどん底から立ち直り、今まで世の中になかった全く新しいジャンルのビジネスを確立し大成功を果たす。大人気オンラインサロン「人生逃げ切りサロン」など数々のビジネス系インフルエンサー、KADOKAWAなどの企業、芸能人のLINEプロデュースの実績を誇る。前著に『無敵の稼ぎ方　最小限のコストで最大限のお金に変える、最強のルール』（KADOKAWA）がある。

〈STAFF〉
構成／高橋扶美
編集協力／松原大輔（シトラスワン）　瀬上友里恵
ブックデザイン／西垂水敦（krran）
本文デザイン／阿部早紀子
カバー装画／ぱんちょウサギ
本文イラスト／タソ
DTP／荒木香樹（コウキデザイン）
編集／尾小山友香（KADOKAWA）

夢《ゆめ》をかなえる失敗学《しっぱいがく》

失敗《しっぱい》すればするほど成功《せいこう》できるビジネスの法則《ほうそく》

2024年5月2日　初版発行

著者／中村《なかむら》 誠《まこと》

発行者／山下 直久

発行／株式会社KADOKAWA
〒102-8177　東京都千代田区富士見2-13-3
電話　0570-002-301（ナビダイヤル）

印刷所／TOPPAN株式会社
製本所／TOPPAN株式会社

●お問い合わせ
https://www.kadokawa.co.jp/（「お問い合わせ」へお進みください）
※内容によっては、お答えできない場合があります。
※サポートは日本国内のみとさせていただきます。
※Japanese text only

定価はカバーに表示してあります。

ISBN 978-4-04-606865-1　C0030